U0514290

本书由大连教育学院资助出版

素养导向的
试题命制与评价

常 双 著

辽宁人民出版社

©常双　2023

图书在版编目（CIP）数据

素养导向的试题命制与评价 / 常双著 . -- 沈阳：
辽宁人民出版社 , 2023.11

ISBN 978-7-205-10910-3

Ⅰ . ①素… Ⅱ . ①常… Ⅲ . ①试题－命题－研究
Ⅳ . ① G424.79

中国国家版本馆 CIP 数据核字 (2023) 第 197623 号

出版发行：辽宁人民出版社
　　　　地址：沈阳市和平区十一纬路 25 号　邮编：110003
　　　　电话：024-23284321（邮　购）　024-23284324（发行部）
　　　　传真：024-23284191（发行部）　024-23284304（办公室）
　　　　http://www.lnpph.com.cn
印　　刷：辽宁新华印务有限公司
幅面尺寸：170mm×240mm
印　　张：14.5
字　　数：206 千字
出版时间：2023 年 11 月第 1 版
印刷时间：2023 年 11 月第 1 次印刷
责任编辑：娄　瓴
助理编辑：刘　明
装帧设计：张菲儿
责任校对：吴艳杰
书　　号：ISBN 978-7-205-10910-3
定　　价：70.00 元

序 /

这是一个急需变革的时代,人们对于变革有着强烈的渴望,但与此同时,又有着深深的畏惧。教育评价改革也是如此。我们既不满于当前以知识复制程度为主要考查指标的"向下渗透"的集中评价体系,又担心新的评价体系的复杂性和不确定性。我们既希望新的评价队伍采用先进的评价方法促进教育公平,又担心评价队伍的质量不足以支撑新的评价理念与方法的实现。

这个时代呼唤教育评价变革。人们对于评价"指挥棒"的重要性的认识越来越深刻,教育评价的方式、理念、实践,不仅影响着教师的教学和学生的学习,也影响着社会对教育价值的认知。在日益激烈的国际竞争中,人才培养规格需求的变化,引发了社会对于以考试为首的教育评价方式的强烈关注和深刻反思。测试命题再也不是以往简单的书本知识挖空或者就着既有试题变个数量那么容易,人们对于命题质量的要求超越了以往任何一个时期!

这个时代需要高素质的人才,培养高素质人才是教育的重要任务。作为教育工作的落脚点,教育评价肩负着评估人才素养的重要使命。于是,如何通过高质量的命题精准评估人才素养成为摆在教育者面前的重大课题。试题命制中,目标的设定、难度的把握、素材的选择、情境的设计、任务的设置,决定了试题能否实现测评人才素养的功能。因此,命制高质量的试题,是我们利用评价促进学生学习、帮助学生提升认知的重要途径和必要手段，是值得我们深入研究和思考的。

本书主要是回应素养导向理念下的命题与评价的变革需要。在教育评价改革进入深水区的今天，命题不再是国家监测和高利害考试的专有名词，过程性、形成性评价的展开、日常作业的布置都需要教师具备一定的命题能力。本书是面向一线教师的一本指向学生素养提升的命题方面的指导用书，共有六个章节，从素养导向的命题背景、命题的核心概念与基本流程、素养导向的命题原则与策略、国际测评项目的介绍与启示、素养导向的命题评价几个方面展开论述。

首先，在对目前我国如火如荼的教育评价改革的理论与实践背景进行论述的基础上，提出传统试题在命题与评价上不得不变的几大因素，对传统试题的命制与评价进行深度地剖析，为全书的展开奠定了一个深厚的政策和现实基础；其次，从命题细目表的设定、不同类型的素养导向的试题的命制原则和方法的阐述，到试题的命制策略等，从理论上进行阐述，也利用案例佐证；最后，将全书的落脚点放在试题的评价上，以综合性、协同性作为评价逻辑的主线，力求展现试题评价的全貌，以终为始，促进命题的良性循环。

本书在写作过程中，得到了东北师范大学刘学智教授、大连教育学院赵娟教授、王芳教授、刘伟教授的大力支持，在此深表谢意！

最后，感谢大连教育学院对本书出版给予的资助。

常双

前言 /

Preface

　　小到学校的阶段性测试，大到国家的学业质量检测，命题都是一个绕不过去的重要环节。命题能力是教师的必备能力之一，是教师依据教学目标和学情，评价学生学业能力的必要条件。评价实施的结果，不仅可以有效帮助教师诊断学生的学业状况，而且，高水平的命题，可以起到激励和促进学生学习的正向作用。自20世纪80年代学界逐步认识到考试评价对于教育教学的重大意义以来，各国都着意进行考试变革。一个明显的标志就是各国陆续出台的各级各类学业质量评价标准，而与此同时，国际上各种测试与评估项目也层出不穷。学界对于命题的研究从未停止，教育行政部门、学校、教师、家长、学生对于高质量试题的期待也从未终止，我们在试题命制的道路上，总是不断地摸索、总结更为有效的路径和方式，然而，这条路并不总是一帆风顺的。

　　党的十八大报告把立德树人作为教育的根本任务，党的十八届三中全会要求坚持立德树人、加强社会主义核心价值体系教育、完善中华优秀传统文化教育等。教育部为贯彻党的十八大精神，启动立德树人工程，2014年3月，教育部发布《关于全面深化课程改革落实立德树人根本任务的意见》，提出落实立德树人工程的十大关键领域，其中，研制学生发展核心素养是首要环节，并提出把核心素养体系作为研究学业质量标准和修订课程标准的依据。2016年，教育部颁布的《关于进一步推进高中阶段学校考试招生制度改革的指导意见》中明确提出："依据义务教育课程标准确定初中学业水平考试内容，提高命题质量，减少单纯记忆、机械训练性质的内容，增强与学生生活、社会实际的联系，注重考查学生综合运用所学知识分析问题和解决问题的能力。"2019年，教育部颁布《教育部关于加强初中学业水平考试命题工作的意见》，提出坚持科学导向、提高命题质量、加强队伍建设和完善保障机制的要求。2020年，中共中央、国务院印发了《深化新时代教育评价改革总体方案》，提出"破五唯""提质量"。2021年，中共中央办公厅、国务院办公厅印发了《关于进一步减轻义务教育阶段学生作业负担和校外培训负担的意见》，明确提出要提高作业设计质量并对学生作业的总量做出了明确规定。2021年到2022年，普通高中课程标准与义务教育课程标准的相继颁布，核心素养、学业质量等的明确提出，是国家对于教育质量的重要指向，也是教育评价变革的有力指导和依据。

党和国家对中、高考改革寄予厚望，希望通过评价这个"指挥棒"的变化引领教育教学，改变以往重知识轻能力、重记忆轻应用、重排次轻进步的落后局面，为教育教学的素养指向注入活力。相关政策连续颁布，聚焦于命题质量和队伍建设两个方面，根植于立德树人和提质增效两个理念，体现了国家对于教育评价改革的决心和力度。首先，国家政策对命题工作提出了更高要求，"高质量""任务性""问题解决"成为关键词；其次，国家政策对教师教育评价能力提出了更高期待，"队伍建设"成为关键目标。然而，现实中，试题过多考查知识复制的僵化取向与各界对于试题促进学生素养发展期待之间的矛盾一直存在。随着政府与社会对命题工作重视程度的提升，命题者越来越深切感受到问责的压力和重担，试题的难度、信度、效度、区分度使命题人员备受煎熬，各界对于试题质量的高要求与大规模考试的微词也令命题工作举步维艰。基层广大教师困于现实工作的繁重，又历来缺少命题能力提升的相关培训，对命题工作有力不从心之感，国家对于命题的高期待和教师命题能力的欠缺成为当前教育评价的主要矛盾，制约着我国教育事业的发展。

广大试题命制工作者，如何重构自身的命题框架与逻辑，如何打造高质量的、契合新时代人才选拔培养目标的试题，如何将价值判断与素养发展统一于命题工作中，如何提高自身对于试题评价的认识，成为教育评价研究中迫切需要解决的问题。

目录 / Contents

第一章

绪　论

　　随着社会经济的快速发展，对人才的需求已经不仅是具备某些特定的知识，而是要具备创新精神和创造能力。2014年3月，教育部发布了《关于全面深化课程改革落实立德树人根本任务的意见》（以下简称《意见》），《意见》中多次提到"核心素养"。这是"核心素养"一词首次出现在我国正式文件中，并迅速成为国内教育研究领域的一大热点话题。同年，新一轮课程标准开始修订。2018年初，颁布了《普通高中课程标准（2017年版）》（以下简称《标准》），《标准》里面明确提出了高中学科六种核心素养，并于2018年秋季在高中年级开始实施，这标志着以"学科核心素养"为导向的普通高中新一轮课程改革拉开序幕。在这一背景下，研究高考试题中各个核心素养的考查情况，不仅符合当前新高考改革中试题研究的发展趋势，更是进一步落实"立德树人"素质教学的现实需要。

长期以来，命题者对于试题命制与评价的认知发生了不小的变化，这种变化的产生，主要是有这样几个原因：

首先，我们对学习结果的期待发生了变化。我们对于学习结果的期待，实际上是我们对培养的人才规格的期待。自经济合作与发展组织在20世纪90年代第一次提出"核心素养"概念以来，各个国家致力于建构符合本国国情的核心素养指标体系，从时间上梳理，典型的有经合组织、欧盟、联合国教科文组织、美国等组织或国家的指标体系。经合组织在2003年出版的《未来成功人生和健全社会的核心素养》研究报告明确了核心素养的内涵，指覆盖多个生活领域的、促进成功生活和健全社会的重要素养，包括"人与工具""人与社会""人与自己"3个一级指标和9个二级指标。经过多年的教育理论与实践研究，我们逐渐认识到偏重事实性复制的评价方式并不能满足社会经济政治的快速变化，也不能迎合全球竞争的需求，教育的结果应该立足于学生高阶思维能力的发展。2002年，21世纪技能合作组织将21世纪应具备的基本技能进行整合，制定了《21世纪技能框架》，认为21世纪需要的工作和生活技能是学习与创新技能、信息媒介和技术技能、生活与职业技能。显然，这些技能并不是靠知识复制与知识再现能够达成的。

2014年，教育部出台的《关于全面深化课程改革落实立德树人根本任务的意见》首次提出了"核心素养体系"这个概念，并且将核心素养定义为"适应终身发展和社会发展需要的必备品格和关键能力"。核心素养是关于学生知识、技能、情感、态度、价值观等多方面的综合表现；是每一名学生获得成功生活、适应个人终身发展和社会发展需要的、不可或缺的共同素养；是一个持续终身的过程，可教可学，最初在家庭和学校中培养，随后在一生中不断完善。核心素养指学生应具备的适应终身发展和社会发展需要的必备品格和关键能力，突出强调个人修养、社会关爱、家国情怀，更加注重自主发展、合作参与、创新实践。从价值取向上看，它反映了学生终身学习所必需的素养与国家、社会公认的价值观。从指标选取

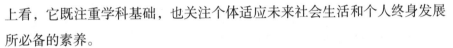

上看，它既注重学科基础，也关注个体适应未来社会生活和个人终身发展所必备的素养。

当教育与学生的素养发展结合，教育目的就摆脱了以往向下集中的以知识复制为目标的痼疾，将教育的最终成果指向了学生终身发展所需要的能力和素质，也就是说，我们对于学生学习的结果的期待产生了根本的变化。以往关注整齐划一的、以识记为目标的学习结果指向，转变为兼顾个体与个性的、关注学生人格养成和素养发展的学习结果追求。换句话说，对核心素养认知的深入促使教育评价目的做出转向，促使试题命制做出调整。为了培养符合新时代要求的高素质人才，需要调整教育评价的价值取向和目的指向，重构教育评价的本质。理论上的重新建构固然重要，实践上的探索则更为迫切。教育评价的改革转型，倒逼试题命制工作者不断反思试题的价值取向和实现路径，反思试题命制的逻辑理路和实践场景，为使试题有助于测评学生素养、有利于学生素养发展不断进行尝试和探索。

其次，我们对人如何学习的认知发生了变化。促进学生学习是教育者一直关注的问题，而研究促进学生学习的前提是弄清楚学生是如何学习的。长久以来，对于人类学习的研究从未间断。研究者从各种角度论证人类学习的路径、方式、逻辑，也用各种办法尝试提高人类学习行为的深度和广度。20世纪初期，教育的重点在于文化知识技能的获得，换句话说，教育主要是让学生获得简单的读写算的能力，这个时候的研究将人类的学习归结于模仿，认为模仿是有效的学习路径，人是在模仿中学习和成长的，由此，教学多倾向于学生对于知识的记忆和背诵，考试倾向于考查知识的记忆和再现；20世纪末，信息和知识的快速增长超过了历史上任何一个时期，知识的意义从能够记忆和复述转向能够发现和使用，人们认识到教育无法使学生掌握面面俱到的知识，教育的主要目的是帮助学生习得学习知识所必备的认知和策略，人的学习应该是基于对技能、原理的深度理解和实践发生的，学习是在问题解决的过程中完成的，由此，这一时期的教育开始转向学生高阶能力和素养的获得。

最后，我们对教、学、评关系的认知发生了变化。教师教学与学生学习一直是教学的重要组成部分，而评价与教学和学习的关系则随着研究的进展发生了不小的变化。前期的研究建立在评价独立于教与学之外的基础上，认为评价是对于教师教与学生学的测量与价值判断，评价是教学后的一个环节，是对教学进行价值判断的过程，也就是说，评价是针对学习结果而言的。认证和选拔是这种评价取向的重要体现，作为个体进入社会生活所需要的"敲门砖"，考试是相对公平的评价方式。随着研究的推进，教学与评价的关系逐步发生变化。"对学习的评价"依然受到关注，但"学习的评价"和"融于学习的评价"也逐渐走上舞台，教学与评价从相互独立逐步发展为教、学、评一体化、一致性。评价的目标与教学目标融合，评价过程嵌入教学过程，评价结果与教学结果结合，教学、学习和评价三位一体的关系得到建立，评价被看成是镶嵌在教与学过程之中的一个成分，三者处于一个和谐的平衡状态之中，同时平衡的学生学业评价体系也逐步建立。

虽然教育评价的理念和价值归宿发生了变化，传统的终结性测试一统天下的地位被颠覆和打破，诸多新型评价方式得到了广泛的研究与应用，但作为评价的重要方式，考试并没有就此销声匿迹。法国学者布迪厄在其资本理论中，详细论述了各种"资本"对教育的巨大影响，而作为众多教育评价方式中相对不受资本影响的方式——考试仍然是相对比较公平的。因此，在不改变评价主要形式的情况下，改变命题的思路和逻辑，调整试题的评价目标和价值取向，转变以往评价的单纯诊断性取向，是我们应该思考的主要方向。

第二章
传统试题命制与评价的
"不得不变"

第一节 教育评价范式的变革

"范式"一词源自希腊文，意指语言学的词根或词源，后来引申为某种思想形态的源头或母体。现在学术界讨论的范式，是指在某一学科内为人们所共同接受、使用并作为交流思想的一套概念体系和分析方法。[①]"范式"（paradigm），是美国学者库恩（Kuhn,T.S.）在其著作《科学革命的结构》中提出的概念，是一个科学共同体成员所共有的东西，是由共有的信念价值技术等构成的整体。[②]教育评价范式的发展，是学界对

[①] 张勤，马费成. 国外知识管理研究范式——以共词分析为方法[J]. 管理科学学报，2007（06）：65-75.

[②] Kuhn,T.S.The Structure of Scientific Revolutions[M].Chicago:University of Chicago Press,1970.174-210.

于教育评价信念的发展，也是评价实践基础上对评价功能认知的发展。

一、从"测量"到"建构"

20世纪80年代，库巴和林肯在其著作《第四代评价》中提出的现代教育评价发展"四代论"[①]，将评价理论的产生和发展时期划分为四个阶段，即测量时代、描述时代、判断时代和建构时代。

测量时代（Measurement Generation）盛行于19世纪末至20世纪30年代，以"测验和测量"为主要形式，将评价的主要目的归结于追求评价结果的数量化和客观化，主要体现在这一时期测量理论的形成和对于测量技术、手段的大规模使用。这一时期强调以各种测验量表等量化的方法对学生学业情况进行测量，客观式测验和常模参照测验就是这一时期的产物。虽然客观式测验和常模参照测验在解决学生学业测验的标准化和客观化方面取得了很大的进展。但是，这一时期对于数据结果的片面追求导致让人们忽视对数据解读的关注，将教育评价简化为量化数据，无助于判断教育活动是否达到了教育目标和达到教育目标的程度。

描述时代（Description Generation）盛行于20世纪30年代至20世纪50年代。这一时期侧重于对"测验结果"作"描述"，以泰勒评价模式的产生及应用为主要标志，着重判断实际的教育活动是否达成预期的教育目标及达成的程度如何。在这个时期，评价不再仅仅是一两个测验或量表，而是一个过程，评价者不再作为"测量技术员"存在，而是作为一个"描述者"描述教育目标与教育结果的一致程度，故这个时代被称为"描述时代"。泰勒提出了教育史上著名的目标评价原理，即教育评价的泰勒原理，将教育评价与教育测量有效区分开来。在美国进步主义教育协会主持下所进行的"八年研究"发现，教育的中心目标不是灌输知识，而是促进学生的全面发展，而原有的以考试为取向的测验显然不能满足这样的教育目标的要求。"泰勒评价模式"强调"评价不是为了评价而评价，而必须是为了更好地达到教育目标的评价"，这种观点赋予了评价行

---

① Guba,E.G,Lincoln,Y.S.Fourth generation evaluation[M].Sage,1989.

为目的性和计划性，大大提高了评价的功效。然而，泰勒模式也并非完美无缺，将评价活动纯粹指向目标的达成，导致人们忽视了评价实践过程中的行动和努力，除此之外，超出预期评价目的之外的非预期效果，也被排除在评价反馈的范畴外。

判断时代（Judgment Generation）盛行于20世纪50年代末至20世纪70年代末。"判断"是这个时期评价理论的独有特色。这一时期，"价值判断"是关键词，是教育评价活动的最终落脚点。美国教育学家克隆巴赫（Cronbach,L.J.）、斯克里文（Scriven,M.）、斯塔克（Stake,R.E.）和开洛（Kellogg,T.E.）等人都提出了自己创新的评价理论，这些理论在一定程度上都对泰勒模式提出了不同的质疑，比如说"评价不是决定优劣的过程，而是要作为一个收集和反馈信息的过程"[①]"评价不应局限于评判决策者所确定的教育目标预期效果的达到程度，还应该收集有关教育方案实施全过程及实施结果的资料""评价时应当把教育目标与评价活动分离开来，不能只考虑其预期效应"，等等。这些新的评价理论指导和推动评价者用一定的标准去衡量所得结果是否达到了既定目标，并做出"价值判断"。将教育评价归属于价值判断得到了学界的广泛认可，但这种观点将评价的功能局限于诊断和甄别，忽视了评价的激励与改进功能，也导致我们过于依赖标准而忽视评价实践中个体的差异。

建构时代（Construction Generation）评价理论兴起于20世纪80年代的美国，以库巴和林肯出版的《第四代评价》为标志。第四代评价在理论上获得了两个显著飞跃：第一，对"评价"这种活动的本质进行了有益的探讨。在过去的一个世纪中，大多数评价专家所追求的是评价过程手段和结果的"客观"科学化而忽视了对评价活动本质的认识，忽视了评价活动中价值观的重要位置和作用。库巴和林肯意识到了这一问题，将对评价的研究重新拉回到起点，重新探讨"评价是什么"的问题，在确认评价本质的基础上再探讨"应该如何进行评价"，探讨评价的方法、过程和结果；

---

① 肖远军. 教育评价原理及运用[M]. 杭州：浙江大学出版社，2004：35.

第二，第四代评价从建构主义哲学出发，认为现实不是纯"客观"的"外在于人"的东西，它不过是人们在与对象交互作用中形成的一种"心理建构物"。因此，评价也并不是"外在于人的""纯客观"的过程，而是参与评价的所有人，特别是评价者与评价对象双方交互作用，形成共同的心理建构的过程。由于人头脑中的"建构"是以人们的价值观为基础而形成的，在价值观多元化的社会里，评价活动就需要综合考虑如何融合或沟通各方利益相关者的意见。而评价者的根本任务就是通过收集各种资料，梳理出不同人、不同环境中的建构，并运用协商的方式，逐步改变、统筹不同意见上的分歧，引导他们达成共识。

教育评价理论虽然在发展过程中，尤其是在前三代评价理论的探索与应用时并生出一些值得关注的如"管理主义的倾向""忽视价值的多元性"和"过分依赖科学范式"①等问题，但也完成了"从鉴定走向发展""从结果走向过程""从被动走向主动"的蜕变。

第四代评价承认评价的建构性特点，考虑不同的价值和背景，包括物理的、心理的、社会的和文化的，评价的行动与后继的活动融为一体；具有充分的参与性并对所有的利益相关人采取政治上和概念上的平等。可见，第四代评价承认评价是一个不同价值观之间的协商过程，这为表现性评价的效度问题提供了新的思想支点。②第四代评价对于评价多元主体，尤其是学生作为评价主体的合法性的肯定无疑也是有力的，为弥补以心理测量范式为主导的评价体系的缺陷提供了理论基础。

教育评价范式经历了测量时代、描述时代、判断时代，逐步发展到今天的建构时代，我们对于评价的认识由最初的作为衡量学生的标尺逐渐过渡到如今的作为促进学生素养发展的手段，评价的目的从单纯的价值判断到"以评促学""以评促教"，评价的方式从单一的终结性、标准化测试到形成性、过程性评价，评价的价值取向由鉴定到发展……这些变化，是

---

① 赵雪晶. 我国中学教师教学评价素养研究[D]. 上海：华东师范大学，2014：31-32.
② 周文叶. 学生表现性评价研究[D]. 上海：华东师范大学，2009：43.

我们对评价与教学关系的深刻认知。这种贯穿于教学全过程的评价，要求教育评价者在理论层面与实践领域都更加重视评价知识积累和评价技术的开发运用，同时，身处教育教学一线的教师被寄予了比过去更多的评价责任和期望，期望他们能够从以往评价作为判断手段的桎梏中解放出来，科学、合理地利用有效的评价方式，提高教学效果、促进学生素养的发展。

建构评价时代，标准化测验的统治地位受到冲击，诸如表现性评价、真实性评价等新的方式纷纷涌入，倒逼命题者反思试题的价值和意义，重新审视试题的功能和价值。

二、从"学习评价"到"以评促学"

教育评价的变革源于我们对于知识和学习的认知变化，与教育培养目标的变化相适应。教育评价所发生的范式变革，在学生学业评价领域表现得非常明显。

首先，学生学业评价的目的由鉴定转向了发展。随着社会的发展和进步，教育评价所承担的功能从过去的"排名次"变成现在的"促发展"，随着我们对教育评价认知的深化，单纯的终结性、标准化评价方式的弊端逐渐被人们认识到，教育各界在不停探索新的更为科学的评价方式和手段，以便适应新时代人才培养的需要，由此，过程性、形成性评价逐渐崭露头角。随着对学生学习的过程性、形成性评价的研究深入，学业评价的核心目的开始发生"漂移"，关注的重点从单纯的价值判断发展到了解学生学业状况，促进学生进一步学习，换句话说，学业评价的目的发生了根本性的转变，学业评价不再是为之前的学生学业行为"画句号"，而是为今后的学生学业改进"画逗号"，这意味着教育者不再以学业成绩的排序作为学生学业成就的终止符，而是以学业成就的分析作为学生学业发展的起始点。

其次，学业评价的功能由学生学业诊断延展至"以评促教""以评促学"。评价的功能是评价价值的具象化体现。以往学业评价主要用于对学生达成既定学习目标的程度进行判断，回答学生学习的既定目标是否完成、是否达成预期成效的问题，换句话说，评价的诊断作用一旦达成，评价过程就结束了，评价的功效就达到了。然而，实际情况是，学生学业成就的诊断固然有意义，但评价绝不仅仅是诊断学生学业成就这么简单。如果将学业评价的功能局限在学业成就诊断上，评价过程就是比较和判断的过程，是参照标准进行区分的过程，是质量监控的过程。如果将评价的功能仅仅局限于诊断，就大大窄化了评价的功能范畴。根据建构时代的评价理论，评价应该是建构的过程、协商的过程、兼顾质性与量化的过程。

评价的功能不仅是诊断和甄别，更为重要的是，评价承担着引导与促进的作用。评价可以也应该指向教师教学与学生学习的发展，指向促进师生的反思与共同进步。评价不是孤立的外在于教学的存在，而是融合的内化于教学的存在。

最后，学业评价的证据从或质性或量化发展至"质、量结合"。评价是基于证据的推理。从测量时代起，学业评价的证据偏重量化层面，强调结果的客观性与解释的公平性，"考试"就是这种偏重量化取向的产物。作为众多教育评价方式中相对公平的方式，"考试"能够帮助教育者在足够"短"的时间内收集到足够"多"的证据，以衡量学生学业状况，这无疑是非常具有优势的。然而，随着各界对于建构评价观和评价价值取向、目的的认识深入，捆绑着学生命运、教师命运乃至学校、行政部门命运的高利害"考试"，越来越暴露出问题。"应试教育"愈演愈烈，各界对终结性考试的认同出现了极大分化，质疑声不断。尽管经过了多次课程改革，但教学的变革并未引发评价方式和评价内容的有效转变，课程变革也并未从实质上触动根深蒂固的学生学业评价体系，以评促学并未真正实现。

三、从"知识复制"到"问题解决"

"一考定终身"是对我国长期以来盛行的高利害考试重要性的高度概括。作为学生学业成就判定的依据，中考、高考等高利害考试试题历来备受关注。这种外部组织的统一考试，有着明显的"短时高效"的"优势"。这种"优势"帮助评价者在极短的时间内对学生以往多年的学业成就做出可量化的评判，决定学生是否有资格进入高一阶段的学习。以"知识复制"为目的的考试，是将教材中的知识要点以试题作为呈现形式，改变的仅仅是知识的外形，并不能有效确定学生的真实能力和水平。

2022年，新版义务教育课程标准颁布，核心素养作为新版课程标准的主旋律备受关注，而如何通过评价测量、诊断、激励学生的核心素养发展也成为各界关心的问题。教育部在2022年4月召开了介绍义务教育课程方案和课程标准修订情况的发布会，对如何推进核心素养导向的课程建设，明确提出"以核心素养为导向改革评价考试方式"，这明确了考试评价的改革方向，确定了核心素养在考试评价工作中的价值和地位，要求考试评价关注学生的核心素养发展水平和关键表现，注重对学生是否具备正确价值观、必备品格和关键能力的考查。政策的引导、认知的深化，使得许多新的评价取向和方式进入了人们的视野，如过程性评价、形成性评价、表现性评价等，这些新理念下的新的评价方式，有力冲击了以知识的再现和复述作为考查目标的局面，将测量引向学生在真实情境中的问题解决水平和能力。评价不再被简单地定义为选拔、诊断和区分，而是发现"有多少""有多好"，考试分数不再仅仅是统计学意义上的平均分、优秀率、及格率，而是情境的、理解的、表现的、个性的、发展的。

考试的价值追求从选拔、区分走向引导、发展，引发了考试形式的变化。试题从简单的知识复制、再现，转变到情境中问题的解决、反思、创造。考试正向着素养导向的历史性转变迈进。考试不再片面追求考查学生的知识覆盖面和知识复现能力，不再片面强调知识和智力，更关注学生能否迁移运用和解决问题。素养导向的试题更关注开放，力求通过学生的现场建构充分调动学生展现其素养水平，从而准确把握学生的智力水平、思考深度、思维习惯和科学态度，考试不再要求单一的碎片化知识的呈现，而是有目的地通过情境和任务的设计考查学生实际生活中的问题解决能力。

第二节　教育评价技术的变迁

　　智能技术的发展，对传统的教育造成了巨大的冲击，也指引教育工作者不断反思落后、僵化的教育评价方式。中共中央、国务院、教育部在《中国教育现代化2035》《教育信息化2.0行动计划》等教育文件中明确提出，促进教育信息化从融合应用向创新发展的高阶演进，信息技术和智能技术深度融入教育全过程，推动改进教学、优化管理、提升绩效。因此，要构建智慧学习支持环境，建立高效的5G快速网络应用，充分激发信息技术对教育的革命性影响，推动教育观念更新、模式变革、体系重构。中共中央、国务院在《关于深化教育教学改革全面提高义务教育质量的意见》中也明确指出，促进信息技术与教育教学融合应用，推进"教育+互联网"发展，按照服务教师教学、服务学生学习和服务学校管理的要求，建立覆盖义务教育各年级各学科的数字教育资源体系。在这些教育发展纲领性、战略性文件精神指导下，我国的智慧教育发展迅猛。

一、教育技术视角下的课堂评价

　　从早期的教学工具到如今的移动技术、虚拟和增强现实、模拟和沉浸式环境、协作学习、翻转教室等设备和方法，技术在教育上的应用已取得了长足进步。以5G技术为例，"5G+互动教学"打破了固有的课堂边界，根据学习者的需求，制定学习任务计划，使学习者从被动学习转向主动学习，从而进行目标导向的真实学习。弹性教学与5G等智能技术的协同作用，突破传统教学时空等方面的桎梏，使学习者能有效地进行直接、间接经验的学习。利用5G技术，实现机器人伴学、智慧电子教材等教育智能技术的应用，辅助教师关注学生差异，采用分层和差异化教学，匹配学生的个体需求，促进每一位学生最大限度地发展。

　　技术的进步是令人惊喜的，而与此同时，教育工作者对于技术的使用也日益得心应手。在课堂评价方面，教育技术为现代课堂评价提供了源源不断的智能支持。智能化的评价技术，帮助教育工作者在课堂中做到关注群体的同时兼顾个体，让教师的课堂评价有据可依、有的放矢。

今天的课堂教学，是教师引导学生通过群体学习完成个体发展的活动，在这个活动中，群体与个体的进步同样重要。以往的教育环境中，教师困于技术的落后和个人能力的限制，往往关照不到课堂的方方面面。如今，有了智能技术的加持，教师能够通过数字技术及时掌握课堂中群体与每个个体的数据变化，为不同个体提供个性化的评价和引导。数据的收集和分析速度是影响课堂教学效果的重要因素，智能技术的介入，让课堂中实时数据的采集和处理成为现实。依托可穿戴设备、传感器、视频录制技术、非接触式感知技术等数据采集工具和技术，今天的课堂教学已经实现全过程数据的实时采集和分析结果的及时生成，教师可以及时识别整个课堂中学生的诸如预习质量、课堂练习质量等的数据，并利用获得的数据有针对性地对学生进行指导。智能技术帮助课堂评价实现了从"碎片"到"集约"、从"模糊"到"可视"的跨越。通过智能数据分析，教师能够了解学生的知识掌握情况，为不同群体提供个性化的学习方案。先进的智能技术帮助广大一线教师轻松实现了课堂教学质量的可视化，并辅助教师根据评价结果调控和改进管理、教学、学习等进程。评价结果涉及多个维度，如对学生的评价有学习动机态度、过程和效果等方面的反馈。通过数据可视化方法反馈数据更具有即时性、全面性。在课堂作业的布置上，教师可以根据智能评价技术提供的信息，判断不同群体或个体的薄弱点，针对性地布置作业或练习，使每个学生都能获得成长。此外，智能评价技术的发展，不仅帮助教师及时评价，也帮助教师获得进行评价的精确证据，确保评价的精准。这无疑节省了大量的时间，事半功倍。

作为通过感知环境、模仿人类实现模拟人类智能的计算机系统，人工智能技术通过学习、模仿实现智能，在目前教育领域中的应用主要包括语音识别、机器翻译、人脸识别等。人工智能技术不仅改变了教师的评价方式，也改变了学生的学习方式。在智能环境中，学生自主选择学习内容、进行课程的学习后，可以通过智能数据获得个体的有针对性的评价；而智能课堂的机器人教师可以根据不同个体的状况，指导、陪伴学生学习并差异化地调整个体的后续学习活动。而且，整个学习活动中，智能技术可以为学生提供随时随地的有效指导和反馈，为学生提供个性化的支持。此外，智慧课堂也支持群体学习，为群体提供线上的测试、互评、交流，帮助学生在智慧学习共同体中获得发展。

教育技术的发展，为课堂评价的及时性、可视化提供了可能，也为教育评价的个性化、精准化发展提供了土壤。

二、教育技术视角下的质量评价

以功利性、工具性为主要特征的传统教育评价观，主要表现为崇尚应试的教育文化，将分数与升学率作为教育质量的关键参照指标，主张以快速、高效的评价工具在短时间内对学生的学业成就进行区分。传统的教育评价观，将教育评价视为评价者为达到某种教育之外的目的而设计的工具和手段，把满足现代政治、社会和经济发展需要的程度作为教育评价的主要内容。[①]而技术的工具理性往往过度关注教育中的软硬件建设，忽视技术在教育应用中的价值理性[②]，对育人的本体价值关注不够。在这种传统教育评价观的指导下，试题的命制呈现出客观性倾向和碎片化的特征，具体表现在试题形式上偏重客观性试题，试卷设计上缺乏整体思考，测试没有完整的逻辑链条，测试内容过度关注学生碎片知识的考查，等等。这也导致学生和家长对考试分数的盲目追求，更导致师生忽视考试的引导性价值，过于关注考试的结果排位，不重视考试结果的形成原因，不剖析问题的根源，从而造成应试教育泛滥，教育评价功能的窄化和异化，教育的功利化、短视化问题突出。

现代教育技术的快速发展为现代教育评价变革提供了重要的技术支持

① 张新平，林美. 走向优势教育——兼论工具理性下"背离教育"的三种教育样态[J]. 高等教育研究，2016，37（07）：8-15.
② 宋乃庆，郑智勇，周圆林翰. 新时代基础教育评价改革的大数据赋能与路向[J]. 中国电化教育，2021（02）：1-7.

和多样化的实践可能。尽管目前的智能技术还处于发展初期，与教育评价的结合也略显生硬，但技术的发展是快速的，也是令人欣喜的。虽然众多的悲观论者担心智能技术可能引发伦理道德等问题，但不容反驳的是，智能技术与教育的日益紧密的结合为教育评价技术和方式的变革开启了一扇新的大门。

智能技术首先改变了教育评价的管理工作。以测试为例，以往，一场测试，从测试信息发布、测试对象信息汇总、测试项目开发到测试运行，都离不开人。测试管理工作虽然不算复杂，但需要管理者付出较大的精力，细致完成每一个环节，以避免因失误造成不必要的麻烦。技术的介入给测试管理工作者带来了巨大的便利，智能技术完美实现了测试管理的无人化。智能化设备辅助实现了测试前的报名、受试身份验证、测试过程监控、测试成绩查询等工作，实现了测试的无人化管理，大大解放了测试管理中的人力。

其次，教育技术的进步，改变了测试的呈现方式和途径。随着智能技术的进步，数字环境与测试的融合已经取得了重大进展。计算机自适应测试（CAT）系统的发展就是技术与测试融合的典型产物。以往的测试，所有测试对象接受的都是同样内容和难度的测试项目，测试项目固定，不因测试对象的不同而有所差别，也就是说，不论谁来参加测试，测试题目都是一样的。计算机自适应测试系统与传统测试差别很大。计算机自适应测试系统是包含了大量试题的题库系统，系统中的测试试题的相关参数（难度、区分度等）是事先标记好的。在计算机自适应测试系统中，可以实现测试项目"因人而异"。计算机通过各种后台算法，根据测试对象在测试过程中的实际表现，"挑选"适合他们的测试试题。也就是说，个体在前一道试题上的表现决定了后续的试题呈现。测试系统有针对性地选择适合测试对象个体的试题，有助于对个体进行精准的评价，也有助于帮助评价者设计个性化的辅助策略，促进个体进步。因此，计算机自适应测试系统相比传统的测试方式更加人性化，测试精度也更高。智能技术不仅帮助教育评价实现了测评的自动化，而且为命题者改变僵化的命题逻辑提供了技术上的可能。不仅是计算机自适应测试系统，智能技术还帮助教育评价者实现了数字测试环境的搭建（集合了文字、图像、音频、视频等众多要素的数字环境）、测试场景与测试对象的互动。借助智能技术搭建的数字化测试环境，改变了以往纸笔测试环境的沉闷和固化，以动态的场景、多模态的文本通过模拟真实环境为测试对象营造生动、鲜活的测试情境，引发测试对象回应环境中出现的真实问题。智能技术的使用，使得测试系统能够实时进行数据收集，完成对测试对象反应的识别和量化，获得关于测试对象的有效数据和信息，并对获取的数据进行实时分析，为评价者提供及时、精确的数据支持。PISA、TIMSS等大型国际测试项目，已经广泛使用了由智能技术搭建的数字测试环境，借助智能技术对测试对象的相关素养进行评估。数字化的测试环境，将静态和动态素材结合，实现素材的可视化，将多来源素材嵌入数字环境，实现素材的自然切换。测试对象在数字化的测试环境中，非常容易将自身代入试题情境，实现自身与测试情境的互动。

再次，智能技术在测试结果的评阅方面也取得了长足的进展。以人工智能技术为例，众所周知，人工智能技术的发展离不开大数据的支持，大数据为人工智能提供大量可靠的训练样本，从而为人工智能技术的发展提供坚实的数据支持，进而将人工智能系统的识别精度和预测能力提升至新的高度。大数据能够快速将海量数据中隐藏的有价值信息挖掘出来，帮助人工智能系统拥有更强的自主学习能力。智能技术的嵌入，让测试结果的评阅工作获得了质的提升。以往的传统阅卷工作，需要耗费大量的人工进行测试评分和测试结果的分析，无形中浪费了很多人力。智能技术的介入，为测试评阅工作提供了全新的路径。大数据为智能阅卷系统的建立创造了基础条件，智能技术借助精确的计算和数据分析已经实现了线上阅卷的半自动化甚至全自动化。

众所周知，测试的试卷评阅工作质量对考试有着重要影响，测试评阅数据是衡量测试效果的重要指标数据，也是后续测试改进的重要依据。5G和人工智能技术的支撑，可以克服以往文档图像识别技术带来的困难，打造无纸化考试系统，考生可以直接在计算机设定好的输入界面在线作答，计算机只需要对考生输入的内容进行符号识别并与设定好的内容进行匹配，做出判断并进入评价智能化阅卷流程。智能评阅系统很好地解决了人工录入测试评阅数据的费时和误差问题，帮助评价者实时获得评价数据并分析。中考、高考等大规模高利害考试历来是社会各界关注的焦点，考试试卷评阅的科学性、及时性是教育部门高度重视的关键问题。当前，我国各地的大规模高利害考试基本都已实现了线上网络阅卷，这对提高阅卷效率、促进考试公平有着重要意义。选择题、填空题、是非判断题、匹配题等题型已经实现了快速的智能化阅卷和反馈，完全脱离了对人工阅卷的需求。而对于主观性试题的智能阅卷技术的研究也正在深度开展。利用人工智能技术，让机器通过大量的学习，不断进行数据迭代，逐步替代人工完成主观性试题的评阅已经成为可能。

测试评阅的结果，是衡量测试项目效度的重要数据来源，也是引导后续教学的重要依据。智能技术为测试后的评价工作的进步提供了巨大空间。智能技术赋能下的结果评价，大大提升了测试评价工作的信息化和智能化水平，帮助测试评价完成由量变到质变的飞跃。

今天，教育评价技术的长足进步，带动了教育评价的重大变革。教育评价的数字化转型已经不是选择题，而是必答题。在智能技术赋能下，课堂评价完成了从群体到兼顾群体与个体、从模糊到精确、从滞后到实时的进步；对学生素养的评价完成了从静态到动态、从被动到互动的进步；对测试结果的评价完成了从人工到智能、从单一到多样的进步。在智能技术助力下，教育评价数据的获取完成了从小规模的间断性数据向大规模的连续性数据的转变，数据分析实现了从简单粗线条分析向多模态精细化分析的转变，评价反馈实现了从事后滞后反馈向交互式实时反馈的转变。

我们对评价认知的深入促进了评价技术的发展，反过来，教育评价技术的进步又促进了我们对教育评价认知的加深。身处全球化浪潮中，将教育与前沿科技结合，加速教育评价的数字化转型是教育事业发展的必然要求。智能工具的开发、技术的迭代，扩宽了广大教育工作者的眼界，提升了他们的认知，他们在数字化教育评价场域中精准聚焦学生成长，兼顾学生的学习过程与结果，关注学生的学业质量和全面发展。不断发展的智能技术，为先进教育评价理念的实现奠定了实践基础，为教育评价真正实现以评促学、以评为学提供了技术支撑。

第三节　试题命制与评价的现实之困

在基础教育实践中，对考试存在诸多的认识误区，很多人认为既然考试是检测教学或学习效果的必不可少的教育手段，而考试的结果就是分数，分数的高低自然就是评价优劣的依据，可见考试分数是最重要的，所以有人说考试是老师的法宝，分数是学生的命根。于是我们几十年的基础教育，每所学校对每个学生的每门课程的考试就是报告一个考试成绩，似乎这个考试成绩就能够说明一切，于是我们也就只能用考试成绩的排序给教师的教学和学生的学习打上分数高低的标签，于是我们评价教学和学习活动的最终成就，就只能依赖于用一个考试成绩来标识，于是我们的教学和学习就容易演变为只为追求考试成绩的活动，于是为了考试而学习，为了应试而教育，就成为一种不自觉的、下意识的、不言自明的集体无意识，于是就有了过重学业负担。应试教育的种种弊端导致考试演变为一种舍本求末、本末倒置的非教育行为。

为了了解当前试题命制与评价的样态特征，笔者进行了针对目前试题的命制与评价现状的问卷调研。调研发现，虽然与过去相比，人们对英语核心素养测评的重视程度有所提高，但无论是教育主管部门、学校、教师还是学生在认识上都或多或少存在着误区，在实践操作和结果的使用上距离要求还存在较大的差距。

一、试题命制现状调研结论

（一）试题来源单一，教师命题能力薄弱

试题的命制能力是教师应具备的能力之一，教师的命题能力很大程度上反映了教师的评价理念与评价能力。当我们对学生的发展要求从知识复制转变为素养养成，如何通过命题判断学生的素养发展、激励学生的素养发展、帮助学生的素养发展就变得格外重要。当前，传统的纸笔测试仍然是考查的主要形式，因此，教师是否有能力将对于核心素养的考查落实在纸笔测试上就成为关键问题。通过调研发现，目前测试试题的命制存在试题来源单一的问题，教师的命题工作基本集中在已有试题的剪拼上。在受调查教师中，只有1.35%的教师在命题时采用了原创或者自主命题的方式，而利用网络、练习册、试题集的试题进行剪辑、拼接的教师占比为98.65%。从调研情况看，教师对于命题的态度实际上多为选题、组题而非命题，换句话说，教师的自主命题能力长时间处于非调用状态，造成教师命题能力比较薄弱，无法胜任指向学生素养发展的命题工作。

（二）命题理念陈旧，与学科核心素养脱节

命题水平包括技术和理念，其中，命题技术是命题者的水平问题，命题理念是命题者的思想问题，水平决定了试题的质量，而思想决定了命题的高度。在调查命题或选题过程中命题者需要考虑的因素时，几乎所有受调查教师都表示会考虑课标、考点、难度、教材等因素。其中对英语教师的调查中，涉及核心素养部分选项时，49.23%的被调查教师表示他们在命题或者选题时会考虑学科核心素养，13.84%的被调查教师表示几乎不会考虑核心素养的理念，36.86%的被调查教师表示命题时不会考虑考查学生的文化意识，40.33%的被调查教师表示命题时不会考虑考查学生的思维品质。文化意识、思维品质是学生英语学科核心素养的重要组成部分，是命题时需要侧重考虑的要素，然而，教师并没有将这些必备品格和关键能力作为命题价值取向的重要考量，也造成了命题理念与核心素养的脱节。

由调研发现，教师的命题理念较为陈旧，对于学科核心素养在测评中

的落实缺乏思考，即使表示在命题中会考虑核心素养的教师，在试题来源的选择上绝大多数仍是选择"成题"剪拼，教师对于学科核心素养与命题的关系并没有深入理解，也无法在试题命制工作中落实对学生学科核心素养、核心能力的考查，这既不利于教师命题能力的进步，也不利于通过评价掌握学生的真实素养水平。

二、试题评价现状调研结论

（一）对评价目的的认识存在严重偏差

评价目的是评价行为的目标和结果，是评价活动的设计和实施依据，具有非常重要的作用。对评价目的的认知决定了教师能否正确看待评价的功能和利用评价的结果。众所周知，教育评价的主要目的是全面了解学生核心素养发展的过程和结果，激励学生的素养发展并改进教师的教学。然而，调研显示，相当一部分教师还处于考试结束就完成任务或者简单排名的层面上，对于评价结果的使用过于简单粗暴，很多教师甚至认为能够进行"一分两率"的统计就算是对试题的有效评价。这样既达不到反馈教学的目的，又浪费了宝贵的测试资源，没有充分发挥评价的导向作用，也不利于评价结果的高效利用。更为遗憾的是，这种认识不足，并不局限在教师层面。很多教育者对于核心素养在学科上的测评都抱着观望的态度，很多人认为既然核心素养不易测、不易评，那就老老实实测量学生的识记能力就好。换句话说，教师在评价的目的认知上，完全倾向了学业成绩诊断而忽视了学生学科核心能力和素养的评价，加上命题上核心素养与学科测试的脱节，造成了学科核心素养测评与学业成就测试两层皮、素养评价与学业测试两层皮。

殊不知，评价的目的不仅仅是选拔和甄别，更为重要的是反馈和改进，评价不是简单地给学生的学业成绩排队，而是通过评价有力地反映学生学科能力的发展状况，有效地反馈教学，进而促进教师有针对性地引导学生学科核心素养的提升。

（二）评价方式的单一和评价技术的落后

评价理念的滞后直接导致了评价方法和技术的落后。调研中发现，教师对于评价的认识理解不到位，甚至认为评价就是"排队"。对于测试数据也无法充分加以利用。教师通常只进行终结性评价。很多教师认为测试就是个随堂小考，无须懂得测试理论。对于评价而言，不少教师认为"一分两率"足以进行学生学科学业成就评价，不需要更多的统计指标。教师对于测试和评价理论很少了解，对于此类书籍的深入阅读更是非常有限。对于教师而言，关注对学生素养的培养固然重要，但我们的教学是否达成了素养培养的目标，需要通过评价来检验，也需要通过评价来改进。教师应该学习吸收测试与评价理论，将素养的测量与培养融入测试与评价之中，使核心素养真正落实到学科测评中。

我们在调查中发现，86.62%的受调查教师会统计班级成绩的平均分、及格率和优秀率，45.66%的受调查教师会采用给学生排名次的方式公布成绩，仅有0.73%的受调查教师会对考试结果的作答选项进行分析。虽然一半以上的受调查教师表示听说过信度、效度、区分度等统计指标，但几乎没有教师能够明确说出上述指标的统计学意义，更不用提实际运用了。调查中发现，很多学校的评价指标竟然只有学生成绩的平均分、及格率和优秀率，所使用的也只是Excel表格最基础的功能，缺乏教育统计与测量方面的专业知识，远远达不到多角度运用各种测评数据进行统计分析的要求。很多年龄稍大的教师不愿意接纳更先进的统计理论方法和统计分析软件，认为进行深入的分析比较费时间，测试就是为了给学生排序，只要了解成绩的大致情况就可以了，没必要把时间浪费在成绩的分析上。少数相对关注评价的教师，所使用的大多数是经典测量理论的分析方法，经典测量理论虽说易算易理解但极易受到试题难易程度和测试样本的影响，因此，评价的角度相对单一，评价的深度相对浅显，评价的能力相对薄弱，是当前教师评价方式的主要现状，这也直接导致了评价结果的浅表化问题和反馈结果指导性不强的问题。

（三）对评价结果的利用不充分

评价目的的实现依赖于评价结果的使用，评价结果的使用程度越高，评价发挥的作用就越大，反之，则事倍功半。评价的结果，同时提供给教育者和受教育者。作为评价信息的获得者，学生要根据评价结果调整自己的学习，教师要根据评价结果改进自己的教学，并作出引导学生进一步发展的决定和行动，教育行政部门、教育理论工作者要根据评价评估的信息调整教育的方向，并进一步改革课程以及教学实践。对于评价结果的使用，不仅反映了教育者的评价水平，而且关系到后续教学的科学性和针对性，值得引起足够的重视。然而，评价方式的单一和评价技术的落后，对评价目的认识的偏差，导致了我们对评价结果的漠视。对于终结性考试和比较重要的阶段性考试，除了学校层面的成绩统计分析之外，教育主管部门和教育服务部门还应进行详细的成绩统计、分析并反馈给学校。对考试或者测验的结果的态度，会影响学生、教师甚至家长，处理不当会使学生丧失学习的信心和兴趣，甚至可能损害学生的自尊心。大部分学校拿到这些统计结果和数据之后并没有充分使用和挖掘，看了相关排名信息之后就不再继续分析了，白白浪费了这些数据资源。

评价结果使用的不充分，说明教师对于评价功能的认知不够深刻，也说明我们目前的教育存在功利化、短视化问题，正是因为这样的问题，导致教师一味追求考试结果却忽略了最容易提升考试结果的途径——合理科学地使用评价结果。

一直以来，在自然科学光环的笼罩下，可量化、可测量是人们认为的客观、科学的唯一标准，我们追求一切可以量化的事物，将量化等同于科学，因此，人们也喜欢将可以量化的学习目标作为评价指标体系的主体，而排斥那些无法进行精确量化的东西。对素养的考查恰恰符合了那些不易量化的特征，由于这些特征，很多教师将素养排除在命题之外，在命题设计之初就放弃了。然而，高质量的人才需求日益突显，考试评价不能被仅仅限定在基本的禁锢之内，无视学生学习过程中的体验与探索过程，无视学生的学习态度与情感的发展。命题的碎片化、应试化、功利化，评价的浅表化、单一化、短视化，不仅极大损耗了教育评价的价值地位，而且不利于教育的高质量发展需求的实现。

本章小结

从评价范式上看，教育评价经历了以"测验和测量"为主要形式、将评价的主要目的归结于追求评价结果的数量化和客观化的测量时代，以泰勒评价模式的产生及应用为主要标志、着重判断实际的教育活动是否达成预期的教育目标及达成的程度如何的描述时代，以"价值判断"作为关键词和教育评价活动的最终落脚点的判断时代，逐步发展到今天承认评价是一个不同价值观之间的协商过程的建构时代。随着我们对教育评价理论认知和实践的深入，我们对于评价的认识由最初的作为衡量学生的标尺逐渐过渡到如今的作为促进学生素养发展的手段，评价的目的从单纯的价值判断到"以评促学""以评促教"，评价的方式从单一的终结性、标准化测试到形成性、过程性评价，评价的价值取向由鉴定到发展。

随着现代科学技术的发展，教育领域的智能技术运用逐渐深入，新技术的应用，不仅改变了传统教育评价的方式方法，而且极大地冲击了固有的教育评价观念。多触角的教育智能工具不断涌现，为教育评价的变革提供了技术支持。5G技术的应用和发展，联通课堂学习和家庭学习场景，充分融合学习工具、内容、评价等要素，打破学习的物理边界，为教育方式的变革赋能。人工智能技术的进步，冲击了固有的教育评价方式，智能化的教育评价技术应用到测试、阅卷和分析的各个领域，扭转了不健康的短视化、功利化、碎片化教育评价观念，促进了教育评价变革的实现。

第三章

命题工作的一般步骤

命题工作是一项有规范流程的工作，有着基本的原则和步骤，命题者在试题命制工作中，需要按照命题流程，科学执行命题步骤，确保试题质量。

第一节　命题队伍的组建

对于测试命题工作来说，首先要解决的就是队伍问题。2019年颁布的《教育部关于加强初中学业水平考试命题工作的意见》，提出坚持科学导向、提高命题质量、加强队伍建设和完善保障机制的要求，明确了中考命题的重要性和人员队伍建设的重大意义，也对以中考为代表的大规模高利害考试的命题人员队伍建设提出了要求。高质量命题队伍的组建，成为影响命题工作质量的大事。

一、命题队伍的人员选择

命题队伍的基本要素是人，人员的选择对于高质量命题队伍建设至关重要，选择什么样的人，怎样背景和条件的人加入命题人员队伍，关系到命题工作的顺利进行和测试目标的实现。

高质量的命题队伍，需要满足两个方面的要求：

第一，年龄结构合理。合理的人员年龄结构是高质量命题队伍建设的重要基础。如果一支命题队伍的命题人员都比较年轻，相对来说，命题经验也多半比较少，这对于命题工作是不利的；反之，如果一支队伍的命题人员年龄都接近退休，那么，虽然这支队伍的命题经验可能比较丰富，但体力、精力都会相对欠缺，同样不利于命题工作的开展。从命题实践看，一支高质量的命题队伍，应尽可能保持以中年骨干力量为主，老年、青年力量为辅的一个年龄分布状态，最大程度确保命题工作的顺利进行。

第二，背景分布合理。所谓背景，是指命题人员的专业结构、命题经验状况、地域等。命题队伍人员的专业背景，一般来说有两个大类，一类是学科教学、教研背景，一类是教育评价专业背景。有学科教学、教研背景的教师，或者来自一线教学，或者来自地方性教师进修学校或者教科研机构，他们具有丰富的一线教学和研究经验，了解教师的日常教学和学生的学习状况；有教育评价专业背景的教师，能够掌握测试需要的教育统计测量理论和实践方法，能够对试题的预估难度进行科学的测算，是命题工作的重要技术支持力量。一支高质量的命题队伍，最好能够涵盖学科和教育评价两种专业背景，以确保试题命制的科学性和规范性。命题人员的命题经验对于命题工作同样具有重要意义。有命题经验的命题者，能够根据时间节点有效调整命题工作的行动路线，调节命题工作的张弛，预防工作中可能出现的各种不良情绪。当然，组建命题队伍时，命题人员的命题经验状况并非需要一味追求丰富，既要让经验丰富的"老手"和经验尚可的"熟手"搭班配对，也要为今后命题工作的延续培养经验不足的"生手"。这种人员搭配，可以最大限度地发挥"老手"的经验带动和"熟手"的主观能动，也可以对"生手"产生鞭策驱动。此外，高质量的命题队伍还应考虑命题人员的地域广泛性，相比命题人员来自单一区域，命题人员来自多个区域能够最大程度确保试题的公平性。

上述命题队伍的构成要求是由命题工作的特点决定的。命题工作一般有完成时限，尤其是大规模高利害考试的命题工作，时间短强度大，这种情况是非常考验体力的。因此，中年群体相对于经验不足的青年群体和精力不足的老年群体来说，更适合从事命题工作。另外，由于命题工作不仅需要命制学科试题，还需要理解国家评价理念、掌握统计测量学的基本知识，因此，良好的专业结构也是命题人员队伍组建需要考虑的重要因素。

二、命题队伍的培训

命题队伍组建后，不能立即开展试题的命制工作，而是需要对其进行必要的培训，通过培训，达到统一思想、提高命审题素养的目的。

（一）相关政策培训

命题工作的开展不是随意的，需要以国家政策为依据。为确保命题工作的科学高效，命题人员需要接受政策类培训，统一思想认识。政策类培训的内容大致有以下两个方面：

1.关于大规模高利害考试命题的相关政策文件

这类文件是命题开展的重要依据，也是测试目标的重要来源。例如，2016年，教育部颁布的《关于进一步推进高中阶段学校考试招生制度改革的指导意见》中明确提出："依据义务教育课程标准确定初中学业水平考试内容，提高命题质量，减少单纯记忆、机械训练性质的内容，增强与学生生活、社会实际的联系，注重考查学生综合运用所学知识分析问题和解决问题的能力。"再如，中共中央、国务院《深化新时代教育评价改革总体方案》中，提出改革的主要原则是"坚持立德树人，牢记为党育人、为国育才使命，充分发挥教育评价的指挥棒作用，引导确立科学的育人目标，确保教育正确发展方向"。深化考试招生制度改革方面指出"深化考试招生制度改革，稳步推进中高考改革，构建引导学生德智体美劳全面发展的考试内容体系，改变相对固化的试题形式，增强试题开放性，减少死记硬背和'机械刷题'现象"。政策文件的颁布，为命题工作指明了方向，也对命题者的试题命制提出了具体的要求。

2.相关评估报告

组织命题人员学习大规模高利害考试的评估报告，有针对性地引导命题人员提高命题认知，提升命题水平。评估报告有很多种，从级别上分为国家和地方两类，国家级的分析报告一般是指教育部针对地方初中毕业升学考试试题撰写的评估报告，一般从落实立德树人根本任务的导向情况、落实课程标准要求的命题情况、注重能力考查情况、试题整体难度情况、命题的规范性和多维细目表的科学性等方面对试题进行评估，提出相应要求或建议。地方性的评估报告一般是地方教育行政部门组织专业评估人员撰写的，以当地大规模测试试题为评估对象，分析测试结果，从区域、题型、能力等角度，对测试后的学生学业质量状况和试题进行分析，为后续的测试提供可参考的资料。各级评估报告是命题者深刻了解命题意图、建构命题蓝图的重要依据，但需要注意的是，评估报告有一定的保密要求，需要采取相关保密措施后，组织命题者学习。

（二）保密教育培训

保密教育培训是帮助命题者树立保密意识、确保命题工作严密、防止泄密发生的重要手段。对命题者的保密教育内容主要包含以下两个方面：

1.文件传输方面

文件传输是试题命制工作中不可避免的环节，不论是命题人员之间的文件传输还是试题印刷前与相关机构间的文件传输，都需要谨慎对待。文件传输上最大的保密原则是尽可能断绝网络。网络传输虽然便捷，但无形中极大地增加了文件泄密的风险。试题是命题者的心血，因此，试题文件的传输要格外谨慎。实际操作中，封闭命题场所中的试题文件传输可以通过断绝网络的优盘传输，机构间的试题文件传输可以通过加密光碟和保密设备传输。

2.日常生活方面

命题者命题工作中离不开生活环境，而日常生活环境的泄密风险无处不在。无论命题者处于封闭环境还是非封闭环境中，在试题命制期间，应注意与人交谈中不透露与命题有关的信息，保护好用于命题的设备、纸张、材料等，以防止试题信息泄露的发生。

（三）命题素养培训

命题素养培训谋求命题者命题素养的提高，是为命题人员设计的专业性培训，是帮助命题人员尽快进入命题角色、开展命题工作的重要举措。命题素养培训一般包含以下两方面内容：

1.通识培训

命题素养上的通识培训，指的是为命题人员提供关于测评的通识类知识的培训，包括国际测评或者监测技术的发展、命题总体原则与技术、命题者的命题理念与情感认同、命题者身份认知等内容。这些内容是关于命题的非学科类知识，是命题工作的重要基础。

2.学科培训

依托教育部组织的命题人员国家级培训，加强对命题人员的培养，为命题人员提供分学科的命题技术培训，包括学科试题的评析、试题指标的校准、试题改进和原创技术等内容。这些内容是关于命题的学科类技术，是命题工作的重要基础。

我国很多地区都组织过命题人员培训工作，也取得一些成效，下面以大连市教育局组织的中考命题人员培训为例进行说明。

为回应教育评价改革对命题队伍建设提出的高要求和大连市中考命题工作面临的社会高期待的严峻挑战，解决区域命题人员培训课程的缺位问题，大连市教育局委托大连教育学院教育评估监测中心设计并实施了大连市中考命题人员培训项目。为确保培训的效果，项目组成员基于OBE理论对培训成果进行精准刻画，建构了完整的中考命题人员培训课程体系。

（1）课程体系建构的理论基础

成果导向教育（Outcomes-based Education，简称OBE），由美国学者斯派蒂（Spady,W.G.）最初在1981年提出，作为以学习者为中心、学习结果为导向的教育理念，经历了理论的传统阶段、过渡阶段和转型阶段。1994年，斯派蒂在其《以结果为基础的教育：重要的争议和答案》[①]一书中明确了OBE的概念、内涵及操作体系。他认为，OBE是围绕某一阶段学习结束后所有学生能够获得的关键结果，清楚地聚焦和组织教学活动的一种教育模式。这意味着教育活动开始之前就对学生能够获得的学习结果有清晰的构想，然后设计课程、组织教学和实施评价，确保实现这一学习结果。受到OBE理论的启发，大连市中考命题人员培训项目的设计与实施始终聚焦一个关键成果，以培训对象为中心，坚持持续改进，形成了一套具有坚实理论基础和实践经验的课程体系。

斯派蒂将OBE的学习结果定义为"情境中有意义学习的高质量的顶峰成果"，因此，对"顶峰成果"即学习成果指标要素的架构就成为项目组要考虑的首要问题。解决这个问题首先要做的就是界定"顶峰成果"：高质量的中考试题。根据成果导向理念，项目组对课程的成果要素进行了拆解。描述项目成果需要明确框定成果特征要素，针对大连市中考命审题人员的项目成果特征描述，项目组采用文献分析法、德尔菲法、访谈法等对项目成果特征进行了确证，最终确定了由3个一级要素、7个二级要素和17个三级要素组成的成果要素体系。具体见下表。

① Spady,W.G.Outcome-Based Education:Critical Issues and Answers[M].American Association of School Administrators,1994.

培训人员培训成果指标体系表

培训人员培训成果指标体系		
一级要素	二级要素	三级要素
知识领域	概念性知识	命题类知识
		评价类知识
	程序性知识	命题类技术
		评价类技术
能力领域	判断	试题判断
		指标判断
	改进	试题改进
		整卷改进
		指标校准
	创造	试题原创
		指标建构
情感态度领域	理念认同	测评本质认同
		评价指标认同
		培训功能认同
	情感认同	身份认同
		专业认同
		团队协作

根据OBE理论，培训的追求是要让每个受训教师都得到进步。要想判断受训教师的进步程度，需要用到类似于增值评价这样的评价方式，也就是说，要确认受训教师的起始程度和最终水平。根据之前研究得到的成果要素，研究团队制作了相应的调查问卷，以便对受训教师的初始水平有一个比较清晰的认识。基线的确认，不仅仅有助于培训者快速掌握受训教师状况，也便于后期对课程效度和受训教师提升程度进行精细化判断。

（2）培训课程体系建构

成果是培训的短期终结性目标，这个目标的实现需要在课程目标设定、课程内容安排等方面得到体现。在正式引导受训教师产生命题行为之前，基于对受训教师基线判断的结果，培训者有针对性地向受训教师进行基本知识的传授，期待通过基础知识的学习，达到让受训教师静下心来重新思考测评的目的。通过激发受训教师行动的兴趣，帮助受训教师尝试完成初级的试题命制，然后引导受训教师反思试题、改进试题，进而开发试题，促成培训成果的一步步达成。

对于成人培训，注意力的抓取始终是个难题。中考命题人员培训的特殊性决定了受训教师在培训中主观动机持续强化的重要性，然而，培训的严苛又可能导致受训教师感受以往培训不曾经历的自卑与无力感。基于这个问题，项目组在对于课程内容安排和梯度把握的基础上，始终要求培训者以鼓励的方式带领受训教师逐级学习和行动，确保受训教师持久处于高动机的学习活动中。项目组设计了授课过程中来回穿插的实践展示环节，给予受训教师展示阶段性成果的机会。通过自评和他评的活动设计，提升受训教师行动的信心，引导他们逐步完成自我超越。根据课程设计与实施建立的课程内容与时间安排见下图。

第一天	第二天	第三天	第四天	第五天
·培训启动 (全体) ·保密课程 (通识) ·评价前沿 (通识)	·测试前沿 (通识) ·监测前沿 (通识) ·命题原则 (通识) ·命题技术 (通识)	·命题理论 (分科) ·命题技术 (分科) ·试题鉴赏 (分科)	·命题实践 (分科)	·评价技术 (分科) ·评价实践 (分科) ·展示交流 (全体)

课程内容安排图

研究团队基于一切指向成果的原则，按照顶峰成果——试题产生的时间顺序来架构和实施课程。培训课程体系和实施流程的建立，为后续的培训工作架构了完整的实施路线图，也为后续的课程改进提供了基础。经过多轮次的命题培训实践，研究团队架构了培训模式和实施流程，具体见下图。

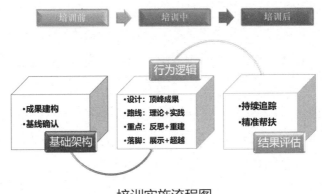

培训实施流程图

（3）培训效果评估

培训项目效果是培训工作的主要追求。科学确认培训效果，不仅能为项目组提供项目的可视化指标，而且能为后期培训设计的改进指明方向。

经过几年的实践，目前大连市中考命题人员培训项目效果的确证主要通过课程与学员两个层面进行，评估的形式主要有问卷、学员自评、档案袋等方式，评估的方法主要采用赋分后一对一与基线进行比对，类似于一种概要统计的方式。在增值评价模型中，概要统计模型也是最初对学生学业成就进行增值评价的一种模型，这种模型的好处在于程序简单、容易理解，比传统单次测试结果评价更科学，但问题是这种模型会忽略掉某些影响因素，造成诊断的科学性有限，诊断功能不足。

项目组深知，课程的结束并不意味着培训任务的完结，相反，真正的效果评估才开始。本着以终为始的原则，项目组对培训课程结束后的追踪与帮扶进行了比较深入的研究。由于培训时长是有限的，在这种情况下想要保证培训效果，想要让培训的效果落实到受训教师的学习成果和行为行动中，就需要在精确地评估培训效果的基础之上，做到精准地帮扶。

为了更好地了解学员培训后的状况，项目组设计了"受训人员库"，将学员按照指标进行分类记录，一旦某些学员参与了某次中考命题，则进行标注，为后续的追踪打好基础。在后续的追踪中，对于培训后未参与中考命题和培训后参与过中考命题的学员，前者采用不定期随机访谈交流的方式追踪，后者则坚持采用学员自评与他评结合的方法追踪。对于追踪过程中学员出现的问题或者疑惑，项目组设计了专门的解疑答惑渠道和方式，同时，针对参与中考命题的学员，根据其中考命题期间的行为表现，也会对其有专门的交流与指导。

大连市的命题人员培训项目只是一个例证，证明在命题人员队伍建设上，很多地区已经进行了大量的实践研究，随着我们对于命题认知的加深，命题人员队伍的建设也必将迈上新的台阶。

第二节 命题蓝图与多维细目表的制定

命题蓝图与多维细目表的制定是试题命制工作的第一步，是对具体试题命制的详细设计和规划，对后续命题工作的顺利开展意义重大。

一、命题蓝图的绘制

命题蓝图是关于命题工作整体设计的纲领性文件，命题蓝图之于命题，相当于开题报告之于课题，是项目的施工图。命题蓝图是命题工作开展的重要基础，是命题者关于命题的整体架构和综合设计。科学的命题蓝图，能够指导命题者的命题工作按照既定规划进行，确保试题能够达成既定测试目标。

命题蓝图需要对试题的测试点、能力点、核心素养组块划分等进行整体规划，将试题难度与所属题型和板块做出划分，通过命题蓝图，可以对整个试卷的结构、不同部分的功能定位、测试点的分布有一个整体认知，让人们对整个试卷的设计安排一目了然。

当然，命题蓝图是一个整体性的架构，在实际命题工作中，需要跟细目表配合使用，以达到最佳效果。绘制命题蓝图之前，命题者需要充分理解上位政策文件精神、明确测试目的、掌握必要的评价理论与方法，需要对试题的功能和定位有明确的认知，也就是说，命题蓝图需要建立在命题者的清晰认知的基础之上，以确保命题蓝图的科学、准确，防止因为命题蓝图的规划问题对后续的命题工作产生不良影响。

二、多维细目表的制定

为了达到一定的测试目的、实施有效的测评，需要目标明确，这样才能保证测试具有良好的信度和效度。目标明确，除了命题者绘制科学的命题蓝图外，还需要确定考试要考什么、为什么考、怎么考、怎么评等细节问题，而这些问题需要通过编制细目表来实现。

考试命题细目表是一种考查目标（能力）和考查内容之间的关联

表。在命题蓝图的指导下，通过细目表科学安排测试内容、排布试题难度、调整试题形式等，有利于命题者细化对试题的安排和把握，从而确保试题的测评作用的有效发挥。

命题细目表是命题的依据。命题细目表主要是用于指导命题的，因此命题者应紧密依据该表中对各项目的具体要求，使所命的题目所占比例吻合细目表的要求，不要轻易增多或减少。当然有时也要视具体情况稍作修改，使所命的试题更切合实际。细目表也是核验内容效度的重要依据。内容效度或称为内容的有效性，是指测试内容与测到所需内容的相符程度，内容效度是考试中最基本的一种效度，因为其他效度都以它为基础。由于命题细目表明确地反映了测试的内容指向，因而根据命题细目表来命题可以较好保证内容效度。同时，可以利用命题细目表来核验或评价测试的内容效度。此外，细目表也是教学质量的判断依据之一。由于命题细目表在一定程度上体现了教学的"质"（指考查目标和考查内容）和"量"（指相应的比例），而且命题时每个题目均与命题细目表中某项考查目标和内容相对应，因此在考试之后，就可以利用该表来实施教学质量评价，以便更为科学地指导教学。

（一）双向细目表

细目表是一个由测量的内容材料维度和行为技能所构成的表格，它能帮助试题编制者决定应该选择哪些方面的题目以及各类型题目应占的比例。考试命题细目表是一种考查目标（能力）和考查内容之间的关联表。

细目表可以有双向细目表和多维细目表之分。双向细目表，是20世纪80年代传入我国的，一直以来在我们的教育考试命题工作中占有很大分量，是教育考试编制测评框架的主要形式，具体见下表。

双向细目表（样例）

	知识点1/测试点1	知识点2/测试点2	知识点3/测试点3	知识点4/测试点4	知识点5/测试点5
识记					
理解					
应用					
分析					
评价					
创造					

　　双向细目表是以两个维度来刻画试卷的，一个维度是知识点或者测试点维度，另一个维度是技能或者能力维度。双向细目表的能力维度一般是根据布卢姆和安德森的教育目标分类进行划分的。

　　20世纪80年代以来，双向细目表在我国教育考试中得到了广泛的应用，在实际操作上，能力维度经常被简化为识记、理解、应用三个维度。双向细目表是描述时代的产物，有学者认为双向细目表作为评价框架，指向的是一种以学科知识点为纲、以知识点掌握水平为质量水平的学业质量观。[①]其实，双向细目表是一种形式，真正脱离素养导向的评价是以知识点及其掌握水平作为测量框架的观念。这种评价的价值取向仍然是基于传统的教师讲授、学生接受，以碎片化知识的掌握和单个技能的获得为指向的教育方式，这种方式将教育的关注点放在学生碎片、孤立知识的掌握上，缺乏对教育的整体认知，忽视学生理解与运用能力的培养，弱化学生价值观的养成，将教学目标指向知识获取而非建构，窄化教育的育人功能范畴，不利于新时代全面而有个性发展的人的培养。

（二）多维细目表

　　双向细目表的一维是考试的知识，另一维是能力层级。这种测评框架在使用之初帮助命题工作者提升了规划性和科学性，得到了广泛的认可。随着时间的推移以及各界对于教育评价功能和职责认知的深入，双向细目表在命题中暴露出精细化程度不足、不符合素养测评特征等问题，由此，多维细目表走上舞台。多维细目表在双向细目表的基础上，增

---

① 杨向东. 指向学科核心素养的考试命题[J]. 全球教育展望，2018，47（10）：39-51.

加了核心素养、文本特征、难度预估、评价要点等项目，弥补了双向细目表的不足，符合当代命题关注考查学生素养的需求，有利于试题的命制工作的科学开展。

多维细目表的编制应该与课程标准的学业质量描述和评价具有一致性。在考核内容的选择上，要依照课程标准的分级要求，试题范围应覆盖所在学段学生的课程内容，既要注意覆盖面的广度，又要选择重点内容。多维细目表中的能力层次应该有明确的分类，如采用教育目标分类学中的"识记""理解""应用""分析""评价""创造"等作测评能力分类，前一目标是后续目标的基础，即没有识记，就不能有理解；没有识记与理解，就难以应用。这种分类体现对学生从最简单的、最基本的到复杂的、高级的认知能力和素养的考核。当然，在能力分类上也可以使用简化的理解、应用分类，能力的分类取决于测评的目的和测试对象的年级与素养水平范畴。

多维细目表是命题工作的依据，它建立了考查标准，体现了考试目的。它保证了试题对课程的覆盖面，保证了测试的高内容效度。

（三）多维细目表的编制步骤

学科命题多维细目表是考试命题的一个编制提纲，是保证测验题目具有代表性的手段之一，是为特定的目的、在特定的范围内确保命题的精确度而使用的命题蓝本。多维细目表由命题专业人员编制，包含一些既定的步骤。

第一步，确定测试要点和能力要求。根据学科课程标准有关学业质量描述、评价建议和教材的教学内容，结合学生的学习情况和教师的教学情况，从学科核心素养角度确定测试的要点和能力要求。确定测试要点与能力的方法有很多，层级分析法就是其中一种。层级分析法是用来揭示达成目标所要求掌握的从属技能的一种分析方法，是一个逆向分析的过程。核心素养是在三维目标的基础上形成的，换句话说，三维目标是核心素养形成的要素。层级分析就是要找出核心素养形成依赖的三维目标。例如，政治认同这一核心素养的基础是观点区分和感悟。

按测试要点进行纵向设计。测试要点是命题内容选择的重要依据，按照测试要点进行纵向设计需要根据课程标准确定测试的要点和试题占比。测试需要通过分析课程标准和教材，把要点先找出来，之后，根据要点的具体内容、价值等因素，排列重点、难点，最后，根据不同测试要点在课程标准中的重要程度和在教材中的占比，确定测试点及其在试卷中的比例，按照结构、题型等要素完成对多维细目表的纵向设计过程。

按能力水平进行横向设计。能力水平是多维细目表的重要项目，命题者根据能力水平对测试要点进行具体设计，命题者根据能力水平命题并完成试题的难度预估。按能力水平进行横向设计这个过程包括几个具体步骤：首先，将能力要求按照能力层级从低到高逐一列出，例如我们依据布卢姆和安德森的教育目标分类学，可以将能力层级划分为识记、理解、应用、分析、评价、创造；也可以根据实际情况将能力分类简化，如识记、理解与运用或者积累、理解与运用。

目前大多数为命题编制的多维细目表的能力层级是根据布卢姆的教育目标分类进行划分的。1956年，布卢姆出版了《教育目标分类学》（第一分册：认知领域），他将教育目标体系划分为三个领域，即认知领域、情感领域和操作领域，共同构成教育目标体系。其中，认知领域的教育目标可以分为从低到高的六个层次：知识（Knowledge）、领会（Comprehension）、应用（Application）、分析（Analysis）、综合（Synthesis）、评价（Evaluation）等。它为我国教育工作者进行课程目标的设计、课程开发与管理和课程评价标准的确立提供了有力的依据。

随着认知心理学的发展，安德森（Anderson）、梅耶（Meyer）等人在2001年进一步完善了布卢姆的教育目标分类学。新版布卢姆教育目标分类学依据认知的复杂程度由低到高进行了分类，将教育目标分为识记、理解、应用、分析、评价和创造。安德森还修订了布卢姆《分类手册》，将教育目标重新分为两个维度，一个是知识维度，另一个是认知过程维度。

知识维度专指知识的分类，共分为四类：事实性的、概念性的、程序性的和元认知的。认知过程维度主要分为六类，即我们熟知的识记、理解、应用、分析、评价、创造。

教育目标分类的第一个认知类型是识记。包括识别和回忆两种子类。识别是要求学生在长时记忆中查找与呈现材料相吻合的知识，通常通过辨认、匹配等试题类型来测评；回忆则是要求学生从长时记忆中提取相关知识。

语文学科经常出现的匹配类试题是测量记忆能力的典型代表。例如下面这道试题：

请根据本单元所学，将下列文学作品与作家配对。

《春》	王　湾
《济南的冬天》	曹　操
《观沧海》	老　舍
《天净沙·秋思》	朱自清
《次北固山下》	马致远

分析：这是初中语文一道比较常见的匹配类试题，要求学生对文学作品和作家进行配对，这需要学生调动在学习这些文学作品过程中的记忆，搜索记忆中与所呈现材料相吻合的知识，识别所列文学作品的作者，完成配对任务。

教育目标分类的第二个认知类型是理解，包括阐释、举例、分类、概要、推断、比较和解释／说明七个子类。阐释要求学生将信息从一种表示形式转变为另一种表示形式，比如从用数字表示变为用文字表示，解释、澄清、释义、描述等试题都从属于阐释这一子类；举例是以示例、图表等解释说明，考查学生列举概念和原理的具体例子，换句话说，是将抽象信息实例化的过程；分类即归类，是对事物进行归属和类别化的过程；概要包括让学生进行概括和提炼，要求学生能够概括总主题、主旨，提炼内容要点。英语的阅读理解和任务性阅读试题通常是考查学生的概括能力；推断是判定和预测，需要学生从呈现的信息中推断出合乎逻辑的结论，语文、外语测试中的推测词义、推测语义间的逻辑关系试题基本都是考查推断能力；比较是考查学生是否能够发现两者或多者之间的异同和相互关系，包括对比、配对等题型；解释／说明需要学生根据所提供的信息建构因果关系并进行必要的说明。

　　理解水平是一个涵盖面非常广泛的认知类型，在考试评价中理解类试题占比较大。以一道初中英语的阅读理解试题为例：

Rules for gift giving are never hard and fast in the USA. They depend on the occasion.

For birthdays or weddings, gifts of some kinds are usually expected. If you do not have a lot of money, a small gift will be OK. If you do not know what kind of gift the receiver would like, a gift card is usually appropriate. Keep in mind that Americans may be uncomfortable if you give them too expensive gifts. Remember that in America, "It is the thought that matters. "

At a very formal dinner event given by strangers, a gift is not expected. For an informal dinner party, lunch or barbecue, it would be nice to bring a small gift such as a box of candles or a bottle of wine, with no need to ask before. Do not bring flowers or any gifts that require your busy host to stop what they are doing. You may include a card or a short note.

For food events, unless it is clear that the party is on a "pot luck" basis for which guests each bring their own food, do not bring food meant to be eaten then and there. Gifts should be easy on the hosts, simple and appropriate.

If children are involved, it is better to tell the host that you want to bring "a little something" and get some ideas from them as to the kinds of playthings they consider appropriate. For example, some parents prefer "educational" toys for their children. Bringing a toy truck for a boy and a doll for a girl may be perfectly appropriate in some families, but they may not be considered "to be good" in others. The parents will let you know if you get them talking.

The underlined word "occasion" probably means "_____" in Chinese.

A. 时间 　　　 B. 事件 　　　 C. 地点 　　　 D. 场合

分析：这是一道初中英语的阅读理解试题，要求学生从提供的文本中体会 "occasion" 这个词的含义并做出选择。从认知类型上看，从属于理解能力的推断能力。从题型上看，这道题是阅读理解试题中的词义推断，需要学生通读文本，从上下文的逻辑和语义关系上，推测陌生词汇的含义。

再以一道语文试题为例：

公与之乘，战于长勺。公将鼓之。刿曰："未可。"齐人三鼓。刿曰："可矣。"齐师败绩。公将驰之。刿曰："未可。"下视其辙，登轼而望之，曰："可矣。"遂逐齐师。

既克，公问其故。对曰："夫战，勇气也。一鼓作气，再而衰，三而竭。彼竭我盈，故克之。夫大国，难测也，惧有伏焉。吾视其辙乱，望其旗靡，故逐之。"

（节选自《曹刿论战》）

解释文中加点的词。

（1）公将鼓之

（2）下视其辙

（3）再而衰

分析：这道题是对所提供文本中的词进行解释，属于理解能力中的释义能力。要求学生在理解文本含义的基础上，对文段中的词进行解释，说明其含义。释义能力是理解能力的重要组成，需要在上下文语境中，理解并做出阐释。

还可以通过举例来考查学生的理解能力：

Complete the sentence with the names of some chain stores to which you often go.

I often go to such chain stores as_____

分析：这道题是要求学生列举若干你常去的连锁商店，将句子补充完整。这种试题作答的前提是学生对"核心概念"的理解，这道题中的核心概念是连锁商店，学生只有理解了"chain store"这个英语一般概念的内涵和特征后，联系自身经历，才能进一步思考举例。

教育目标分类的第三个认知类型是应用，包括执行和实施两个子类。执行，顾名思义是实行，要求学生能够将程序应用于熟悉的任务；实施是使用和运用，要求学生能够将程序应用于不熟悉的任务。应用是将既有知识进行运用的过程，应用所包含的两个子类中，执行的难度相对低，实施的难度相对高。

英语人机对话试题和情景交际试题是典型的应用类试题。以下面的这道试题为例：

A: Hi, Wendy! I need some advice.

B: Hi, Bob.　38

A: l want to buy a bag for Gill's birthday present.

B:　39　She loves it.

A: As you know, Gill's quite trendy, but I don't know what kind of bag I should buy her. You're her best friend.　40

B: Cloth bags. She loves all kinds of bags made of cloth. And cloth bags are good for the environment.

A: l see. __41__

B: I know a couple of bag shops along the King Street. I can take you there if you like.

A: That would be great. Thanks so much, Wendy.

B: __42__ I know you aren't good at shopping.

A: That's true!

A. Sounds great.

B. It's my pleasure.

C. What does she like?

D. How much is it?

E. Where can I buy it?

F. How can I help you?

G. See you later.

分析：这是一道初中英语情景交际试题，是关于购物的话题的。教材中学生接触过类似的文本，因此，属于应用能力中的执行子类。试题难度较小，需要学生将所学内容应用在文本情境中。

下面这道试题也是应用类试题：

List the sports you and your family can do in complete sentences, using can.

I can play_____

I can_____

分析：这道试题要求运用情态动词can，介绍你和你的家人所会的体育运动。本题要求学生在学完情态动词"can（表能力）+动词原型"的语法规则后，完成"介绍自己和家人所做的体育运动"这一相对熟悉的任务过程中，通过由半开放的补句练习到全开放的造句练习反复循环执行，运用"can+do"的表达方式这一程序，是一道典型的考查学生执行能力的试题。

对于学生实施能力的考查，在考试中也很常见。以下面的试题为例：

上海是人口众多、经济发达、对外联系紧密的现代化大都市。截至2021年1月，上海以拥有6913家咖啡馆居全球城市首位，咖啡馆已成为人们休闲、会友和商务交流的重要场所。其中，某品牌连锁咖啡馆以839家独占鳌头，且多分布在商业繁华地段、高级写字楼和高级住宅区附近。2020年3月，该品牌母公司宣布在昆山市建设包括咖啡烘焙和智能化仓储物流在内的咖啡创新产业园，计划于2022年落成。下图示意该品牌连锁咖啡馆在上海的分布及昆山市的位置。

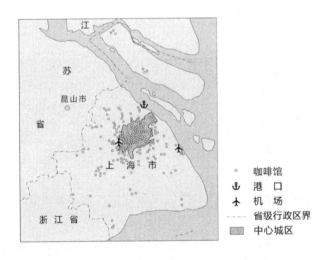

问题：说明该品牌母公司选择在昆山建设咖啡创新产业园的上海因素。

分析：这道题是2021年文科综合全国乙卷的一道地理题，以某品牌在江苏昆山市建设咖啡创新产业园为案例，要求分析其上海因素，需要学生正确看待区际分工和区域联系，正确认识中心城市和外围地域的关系。这是一道与地理有关的真实问题，考查学生在真实情境中利用地理知识分析解决问题的能力，要求学生运用与问题相关的已有经验和知识，结合试题情境，理解问题实质，提供一个基于证据的、合理的论证过程。

教育目标分类的第四个认知类型是分析，包含区别、组织、归因3个子类。区别是要求通过辨别、区分、挑选等方式区分呈现材料的相关与无关部分或重要与次要部分；组织是要求学生能够确定要素在一个结构中的合适位置或作用，通常通过试题考查学生能否发现要素、材料间的连贯性、能否整合信息、列提纲、分解或者结构化信息；归因是分析的最后一个子类，要求学生能够确定呈现材料背后的观点、倾向、价值或意图，需要通过对材料的解构来实现。

以下面数学试题为例说明：

三名选手跳远的成绩：

A.3.84米　　　B.4.01米　　　C.3.（　　）9米

问题1：谁是第一名，谁是第二名？

问题2：如果A是第二名，（　　）里可以填哪些数？

问题3：如果C是第二名，（　　）里可以填哪些数？

这是一道非常简单的分析类试题，具体从属于组织这个子类。这道题考查学生能否通过观察和判断，整合现有信息，确定要素在一个结构中的合适位置。

教育目标分类的第五个认知类型是评价，包含检查和评判两个子类。检查是协调、查明、监控和检验，是发现一个过程／产品内部的矛盾或谬误或者确定一个过程／产品是否具有内部一致性或者查明程序实施的有效性等等；评判是一种判断，是对事物及其外部准则之间的矛盾或者事物是否具有外部一致性或者程序对问题的恰当性等做出判断。

以雄鹰与鼹鼠一文为例：

雄鹰与鼹鼠

雄鹰夫妇从远方来到了一片茂密的森林中，准备在一棵高大、枝繁叶茂的橡树的顶端筑巢，以便夏天来临时生儿育女。鼹鼠知道后，便勇敢地来到雄鹰那儿，向它提出了自己的忠告：千万别在这安家，因为橡树的根大部分已经腐烂了，随时都有倒下的危险。雄鹰怎么能听进去来自地下洞穴的家伙的忠告？更何况还是目光短浅的鼹鼠提出的。雄鹰根本没搭理这个家伙，马上开始做窝，很快建好了新家。不久，妻子就孵出了雏鹰。可一天早晨，雄鹰带着丰盛的食物返回家里，却看到橡树倒在地上，压死了它的妻子和儿女。雄鹰痛不欲生。它说道："我真是不幸，因为我没有听从正确的建议，命运之神狠狠地惩罚了我的傲慢，可是谁能想到这个忠告会来自毫不起眼的鼹鼠呢？""如果你重视我"，鼹鼠在洞穴中说道，"你就会想到，我每天都在地下打洞，经常接近树根，只有我最了解这棵树的状况"。

——本文选自《克雷洛夫寓言》

问题：结合文段，谈谈你对雄鹰的认识。

这是一道考查学生分析评价能力的试题。命题者希望学生通过阅读文本材料，掌握文本大意，了解不同角色的特征并做出判断。这种判断不同于推断，是基于文本却又超越文本的，要求学生在理解文本的基础上，综合自身经验，对事物做出价值评判。

教育目标分类的最后一个认知类型是创造，包含生成、计划和产出3个子类。生成是在准则的基础上提出相应的假设；计划是设计某一未完成的任务程序；而产出则是生产一个产品。创造是最高级别的认知类型，是有意识的、有目的的探索活动，虽然高于其他认知类型，但同时又建基于其他认知之上，是人类经过学习、经验和反思，进行个性化建构的过程。

以语文作文为例：

题目：那一次，我独自面对

要求：①以记叙、描写为主，可兼用其他表达方式；②内容充实，行文流畅，能表达真情实感。

语文学科的作文试题的能力层级有学者认为从属于运用，也有学者认为从属于创造。其实，判断运用和创造的根本依据在于是否考查了学生探索、建构能力，是否产出了一个独创性产品。示例中的试题要求学生自选表达方式，表达真情实感，需要学生完成个性化的建构和输出，完成一个产品的生产过程，从这个角度看，作文试题可以用于测评学生的创造能力。当然，有相当一部分学生在作答作文试题时，用以往背诵过的范文充数，这与命题者的测量目标并不完全一致，也不应该作为将作文试题归类于应用能力测评的主要依据。

第二步，依据测试的目标按照内容权重和能力要求分配试题分值。对试题的测试点和能力点有了基本的设计后，命题者需要对试题的分值比例进行设计。值得注意的是，根据学生年龄和年级的不同，分配时需要进行区分，如低年级识记和理解的分值比例应高一些，而随着年级升高，应用与评价的分值比例要逐步提高，同时，识记的分数比例应逐步降低。

第三步，对拟命制的试题进行难度预估。试题难度预估是多维细目表编制过程中的一个重点，同时也是难点。试题难度预设和预估工作的质量，关系到试题质量的高低，也关系到测评目标能否达成。

教育部历来重视大规模高利害考试工作，近年来更是出台了很多相关政策指导考试工作。以中考为例，2022年3月，教育部发布了《关于做好2022年中考命题工作的通知》，首次对于中考命题工作进行明确的要求和指示。通知中明确要求科学设置试卷难度，既要防止试卷过难增加学生学业负担，也要避免试卷过易难以体现区分度。结合教育部为中考命题人员提供的国家评估视频，国家对于中考的全卷难度有明确的要求——全域0.65—0.75。全域0.65的难度界限，需要试卷中的每一道试题除了要确保科学性之外，还要对全域难度的达成做出贡献。这项要求，不仅要求命题者对试题和试卷难度有非常清晰的认知，而且要求命题者对试题难度有非常精准的控制能力，在实际考试命题工作中，这种控制能力主要是通过试题难度的预设和校正实现的。在多维细目表的编制过程中，试题难度预设是不容忽视的一个环节，需要命题者具备基本的统计测量理论基础和丰富的实战经验，以确保试题难度预设的质量。总之，难度预设的质量关系试卷的成败，不容有失。

试题的难度标定从时间上可以分为事前标定和事后标定两种，事前标定就是我们常说的试题难度的预设和预估，事后标定则是指试题的实测难度。在测试命题阶段，试题难度的标定主要是事前标定，也就是难度的预估。难度预估是命题者在多维细目表和命题蓝图基础上，对已命制的试题难度进行预估，从而确保试题难度有助于测试意图达成的过程。对于动辄数万考生参加的测试来说，为避免试题泄露，试题难度预估过程通常是命题者在封闭断网的环境下完成的，这虽然确保了试题的保密性，但也造成了试题难度预估工作上的限制和困难。作为确保测试意图达成的重要工作，试题预估一直是测试命题工作的关键部分，也是极为困难的部分。

从目前的难度预估方式看，试题要素分析的方式主观性较大，而模型分析的方式又对命题人员素质提出了命题之外的要求。此外，神经网络、多元回归等分析模型一方面需要大量的前测数据作为证据性支撑，一方面可能存在忽视数据的非线性的问题。模糊综合评判法虽然在操作上相对容易，但相比传统人工标定的方式，耗时颇多，且一旦出现命题人之间意见不统一的情况，处理起来就会给命题工作带来很多麻烦。因此，努力提升人工标定的准确度仍然是试题难度标定的重要工作。

由于试题难度预估受到命题者经验、能力、所处身心环境等多种因素的影响，在预估工作完成后，应在命题过程中，对预估数据进行反复校正，以达到使试题预估难度更接近实测结果的目标。在这个过程中，可使用群体逻辑、参考逻辑和权重逻辑完成试题难度的预估工作。[1]

① 常双. 试题难度预估：意义与逻辑[J]. 大连教育学院学报，2023，39（02）：12-14.

群体逻辑。在预估和校正试题难度时，需要集中命题组成员的力量。目前的考试命题工作，一般一个学科工作组基本上是由5—6名命审题人员构成的，其中包含3—4名命题人和2—3名审题人。由于试题是按照已经制定好的多维细目表进行命制的，因此，试题的难度大概范围是比较确定的，这个时候需要命审题人员根据自身的经验对试题的精确难度做出估计。由于一个人预估出错的概率会远远大于多人联合预估，因此，预估过程需要充分地发挥学科工作组内每一位教师的力量，换句话说，多人预估有利于避免单人预估的偏差。之所以说单人预估容易产生偏差，是因为每个人在进行试题的难度预估时，都不可避免地受到自身以往经验和个人能力的影响。举例来说，一位来自一线学校的命题教师，他预估的试题难度数据，很可能受到他所在的学校学生的状况的影响，同样，一位来自县区的教研人员所预估的难度数据，可能受到他所在的区域的学生学业质量状况的影响，由此，这两位的难度预估都带有个体环境和经验的烙印。另外，即使是来自同样背景条件的命题者，他们的预估数据，也可能受到其所处的环境、身体的状况和情绪状态的影响。总而言之，个体在难度预估和校正上受到的影响因素来自内外部很多方面，从这个意义上说，个体的难度预估数据需要经过校正才能够具有较高可信度。在封闭的命题环境中，可以改进个体预估偏差的有效方式就是利用群体的力量。不同背景经验的工作组成员，如果能够进行有效的群体分工和合作，更有可能获得更高的预估准确度。

参照逻辑。参照逻辑是指利用已有的具有参照价值的实测数据进行试题难度预估与校正的方法。对于试题难度预估而言，具有参照价值的实测数据大致有两种，一是以往的大规模实测数据，二是同年的模拟考试实测数据。

大规模高利害考试，具有范围广、样本多、科学性要求高的特点。其数据的精准程度绝非小规模、一般性测试可以比拟。为确保考试结果的公正，考试的阅卷工作大多采用网上统一阅卷的方式进行，试卷的批阅参照统一参考答案且有严格的流程控制，因此考试的实测数据是非常精确的，极具参照价值。这种参照价值不仅在于对当次考试状况的分析和描述，而且也在于为后续测试的数据判断提供参照依据。将以往考试试题的实测数据作为参照，可以有效避免数据的不准确对难度判断造成的干扰。同时由于同级别、同范围的考试具有地域、师资、命题形式等的较大程度的稳定性，因此历年考试数据的相对稳定性也会比较高，因此，往年的考试实测数据是具有很大参照价值的。在使用实测数据作为本次试题预估难度的预估与校正参照时，应注意考虑以往测试与本次测试的难度模型的变化，还应将测试对象的变化对难度数据的影响纳入考量。

除了以往的考试实测数据，还有一种参照性数据，就是同年的模拟考试数据。同年的模拟考试数据具有同样本的特点，也就是说同年的模拟考试数据的测试对象与今年的测试对象是完全相同的，这就相当于在正式考试之前进行了一次预测试，其测试数据结果可直接作为本次考试难度预估和校正的参照。很多大规模高利害考试，例如中考，考试前都会组织模拟考试，其作用在于一方面便于教师掌握学生情况，使后续的复习训练更有的放矢，另一方面有利于学生掌握自身情况，针对性复习备考和报考。模拟考试大概有两种，一种是由地方性行政机构统一组织的模拟考试，一般由部分当年即将参与中考命审题工作的人员命题，另一种是由各区市县自行组织的小范围内的模拟考试，简称区模，由于涉及对象也是中考正式测试的对象，因此某种程度上来说区模数据也是具有参考价值的。

我们掌握了可以作为参照的实测数据，需要关注实测数据的以下几个方面：第一，类似点。类似点指的是命题者需要关注以往实测试题中相同题型、相似考点的试题难度。一般来说，题型相同的情况下，考点类似的试题难度也会比较接近。第二，极端点。极端点指的是命题者需要关注以往类似考试中难度值相对高或者相对低的试题。通常来讲，任务情境复杂、对技能要求高的试题往往在历次考试中具有相同的特性，将以往试题中的"极端"难度题与预估试题进行比较，往往能对试题的难度做出比较合理的判断。第三，差异点。所谓差异点，指的是命题者需要根据以往经过实测的试题的预估难度与实测难度比较，找出预估偏差较大的试题并分析原因，从而不断纠正自身对于试题难度的预估偏差，进而实现难度预估和实测数据的接近。

在使用同样本的模拟考试数据作为参照进行试题难度预估时，需要充分考虑测试对象的成长性因素，合理校正试题难度。同一年的学生在模拟考试和月余后的中考中的学业水平是有差异的，一般是有所提高的，在对同样考点的试题进行难度预估时，需要考虑到学生经过一段时间的学习获得的进步，从而对难度值进行调整。

权重逻辑。所谓权重逻辑指的是试题难度初步预估之后，将命题工作组每个成员的预估数据利用加权计算平均值的方式，计算出命题组关于试题难度的最终预估数据的方法。这种方法在使用时应与群体逻辑方法联合。使用权重逻辑的重要步骤是确定不同成员的权重比例，也就是根据命题组成员各自的命题经验能力不同，为不同水平的成员赋予不同的权重，利用每位命题组成员的估值结合权重，计算出加权均值作为试题最终的预估难度。权重逻辑在使用时，应注意权重的赋予程度，不可为某一成员赋权过多，以免因一人的数据不准且权重过大而造成预估数据的偏差。这种方法可以最大限度地避免群体逻辑使用时，将每位成员预估难度进行简单加和取均值所造成的预估偏差，可以尽可能科学地计算出预估试题的难度数据。这种方法的难度在于命题组成员的权重分配——什么样的成员占高权重，什么样的成员占低权重，需要综合考虑各方面的因素。一般来说，不同成员权重比例的确定应考虑以下几点：第一，认知层面，不仅指命题者对试题的命题知识、命题经验和学科知识的掌握，还包括对评价知识、评价指标的理解程度；第二，技术层面，包括命题者对教育测评指标和技术的掌握，对于难度、区分度的理解；第三，态度层面，包括命题者对此项工作的重视程度、认真严谨程度、积极程度等。通常情况下，对命题经验丰富、能力较强，对评价知识与技术理解程度较强，且具有高度责任感的命题者，应赋予较高权重，反之则赋予较低权重。权重确定后将不同命题者的预估难度按权重计算加权均值，从而获得关于某试题的难度预估结果。

许多命题工作组在完成试题难度预估后，不再进行难度的校正，这其实是不合理的。在试题难度预估工作完成后，为确保数据尽可能接近考试实测数据，还应对试题的预估难度进行校正。在对预估数据进行校正时，除了重复参照性逻辑、群体逻辑和权重逻辑外，还可以通过以下几个方面来校正已有的难度数据：第一，时段轮动。从已有的命题经验看，试题的难度预估在不同时间段进行是有差异的。建议在初步预估完成后，间隔一段时间再重新进行试题难度预估校正，这样可以有效避免高频率重复预估带来的思维倦怠和定式；第二，角色互换。作为命题人，在试题难度预估的工作中，需要将自身设定于测试对象的角度，这更有利于预估的精确性。具体来说，可以作为被测试者的身份进行试卷作答，在作答过程中仔细体验阅读试题的难易度和作答感受，进而调整试题的预估难度；第三，考虑分布难度。试题难度的预估不仅仅是将每一道试题的难度值进行预测，还需要考虑试题在整卷中的位置状况。举例来说，一道简单题如果在考试中排在难题的后面，那么，这道简单题就可能会变难。因此，试题的排布顺序也应纳入试题难度预估的校正考虑范围。

最后一步，将确定好的测试点、能力水平、试题预估难度等信息落实到多维细目表中。根据测试点的内容进行调整，调整包括各题目数量、试题类型以及各部分分数所占的比例。多维细目表纵向列出考试内容的各项要点，横向列出能力层级和难度预估值、评分要点等项目。多维细目表应确定每个要测试的内容要点在试卷中的总体比例。

不同学科的多维细目表既有相同之处，也有特殊之处。语文、英语、日语等文科类学科的多维细目表和数学、物理、化学等理科类学科的多维细目表在外形上基本一致，在具体内容上体现学科特征。举例来说，文科类学科多以题型作为纵向划分依据，将试题按照题型分布在多维细目表中阐释说明，理科类学科多以知识组块点作为纵向划分依据，将试题按照能力考查要求进行划分及说明。这种差别与学科特性有关，不存在高低之分。

以文科类学科的多维细目表表头为例：

卷序	题型分值	测试内容	考查范围	能力层级						分值	权重	预估难度	语篇特征	材料出处	评分原则
				识记	理解	应用	分析	评价	创造						

由上述表格可以发现，多维细目表横轴是以题型分值、测试内容、考查范围、能力层级、分值、权重和预估难度、语篇特征、材料出处、评分原则等维度指标构成的。其中，测试内容主要阐明该题型的测试目的和命题意图，如英语的单项填空试题的测试内容是在单句语境下考查理解辨析语言知识的能力，书面表达试题的测试内容则是考查根据明确的交际任务，围绕熟悉的主题，运用所学语言，依托已有经验，表达真实思想的能力。语篇特征是指测试所选取的语篇的文本特点，命题者需要在此处标明文本的字数、体裁和主要话题。

理科类多维细目表的表头与文科不同：

一级主题	二级主题	内容标准	能力层级			题型	题号	分值	预估难度	素材来源
			了解	理解	探究					

理科类多维细目表包含一级主题、二级主题、内容标准、能力层级、题型、题号、分值、预估难度和素材来源等维度。其中，一级主题、二级主题和内容标准均依据课程标准确定，如以物质的化学变化作为一级主题，以化学变化的基本特征作为二级主题，以"认识化学变化的基本特征，初步了解化学反应的本质"作为内容标准。

除上述维度外，也有的多维细目表中会嵌套主题分值统计表，以便命题者更加明确试卷中不同主题的分布情况。主题分布统计表见下表：

各主题分值分布情况统计表

一级主题	分值	各主题课时数
说明:		

（四）制定多维细目表的注意事项

多维细目表是试题命制的精细化方案，是命题工作开展的主要依据。在制定多维细目表的过程中，需要注意：

1.考虑目标的多维性

测试目标往往不是单一的，而是多维的，目标中往往包含知识、能力、素养等各层面的要求，因此当我们制定多维细目表时，需要充分考虑测试目标的多维性，根据实际需要制定一个或多个多维细目表，以便各种要素尤其是学科核心素养能够得到充分考量。

2.确定考查内容所占的比重

不同考查内容所占比重是有差异的。确定比重的主要依据是：

（1）测试点所对应的教学时数的比重。根据课程标准、教师自身经验、教材及教学参考书，确定各知识单元的教学时数和比重。

（2）各知识单元在整个学科领域中的重要性。根据学科特点及学科本质，我们能获得所涉及知识在学科领域中重要性的必要信息。

（3）考试目标要求的重视程度。根据学科课程标准和考试说明，我们能知道不同知识点在考试测查目标中的要求和重视程度。

3.细化试题类型数目

在制定多维细目表的过程中，应写上每一部分占多少个题目，是何种类型的题目，这样，就能较好地掌握不同的试题所需的答题时间，进而确定考试试题的总数。

4.多维细目表的使用

除了上述注意事项之外，还要注意多维细目表制定的时间是在命题工作之初，试题正式命制之前。有很多人误把多维细目表当成是命题的总结，将细目表的制定时间放在试题命制后进行，这是不科学的。命题工作不是简单的经验性重复，而是一项需要耗费大量精力的创造性劳动，同时，这项劳动需要符合科学流程，需要保持高度科学性。多维细目表的重要作用之一就是确保命题工作的科学开展。多维细目表需要在命题开始之前进行设计，需要反映测试目标和命题者的命题意图，是命题工作的实施路线图。

制定命题多维细目表是一项非常复杂的工作，应严格遵循有关工作程序开展，以防止出错及疏忽。命题细目表一经制订，应当严格保密，且不宜随意更改，确需更改，应通过微调的方式在试题正式使用前修改。

第三节　试题的基本要素与类型

评价是基于证据的推理。证据从哪里来？证据源自测试对象的反应。在考试评价中，评价证据源自学生面对试题所产生的反应，从这个意义上说，试题是一种刺激，它是利用特有的目的性情境和任务，激发测试对象产生反应，从反应中获取证据，并根据证据推断测试对象的某些特质和水平。因此，高质量的试题是确保评价证据获取的重要因素，需要命题者通过不断学习、不断提升自身能力素质去达到。

一、试题的基本要素

（一）目标

试题的测量目标，反映命题者的试题立意，是试题的核心，包括所要考查的知识、能力、态度等。目标是命题者对于试题的最终测试目的的认知，是试题命制的定海神针，试题的整个命制工作都是依据目标展开的，命题是试题测评目标的实体化过程。

（二）情境

情境是目标的材料和介质，关系着测评目标的表达程度。命题工作中，试题情境的选择、设计、实现，是测试目标达成的重要载体。素养导向的试题情境，应保持真实性、坚持开放性、兼顾任务性、指向建构性，应与任务协同一致，为素养的测评提供支撑。

（三）设问

设问是对试题任务的直接呈现，关系着测评目标的实现及其实现程度。试题最终需要通过设问实现对测试对象的刺激，情境是背景信息，是间接的、隐含的，而设问是外化的，是直接的、外显的，对测试对象来说，设问是最为有力的刺激因素。素养导向的试题设问，应该是明确而开放的，指向学生表现和建构的。

（四）答案

答案和评分标准是试题的重要组成部分。俗话说，编筐编篓重在收口，试题的答案和评分标准就是命题工作的收口。素养导向的试题答案，不同于传统测试的答案的封闭性和单一性，应该是开放的、多元的、包容的。

二、主要题型概述

关于试题题型的分类，相关论述颇多。从不同的角度，试题题型可以有多种分类。从目前我国大规模高利害考试的试题题型涵盖范围看，可以有选择题、判断题、匹配题、填空题、简答题、分析题和书面表达题等；国际上对于教育考试的题型除了上述题型外，还有建构题、自由应答题等题型。不论何种题型，从学生作答方式和阅卷方式上看，大致可以分为客观性试题和主观性试题两大类。客观性试题，包括选择题、匹配题、判断题；主观性试题，包括简答题、书面表达题、建构题和自由应答题等。

从现有研究结果看，客观性试题与主观性试题在测量指向和测量功能上存在差异。[①]研究表明，客观性试题能够比较有效地测量事实性知识

---

① 雷新勇. 大规模教育考试：命题与评价[M]. 上海：华东师范大学出版社，2006：86.

和学生的记忆能力，某些客观性试题的题型也可以测量理解能力、思维能力和其他复杂的行为目标。但是，客观性试题不适合用来测量学生选择、组织、逻辑输出等能力，如书面表达能力和某些问题解决能力。客观性试题的命制相对耗时较长，但由于其评价标准的客观性而易于评价且相对误差小、信度高。主观性试题比较适合测量学生的理解能力、思维能力和比较复杂的行为目标，但不适合用来测量事实性知识和记忆能力。主观性试题的命制耗费时间相对短，但由于其答案的多元和评分者主观的不一致，容易导致评价困难且信度相对低。

客观性试题和主观性试题在测评上各有优势和劣势，命题者在题型的选择上要根据实际情况和测试意图综合考量，以试题效度作为题型选取的主要依据，不要一味追求高区分或者低成本，确保题型的设计能够有助于测试意图的实现。

（一）客观性试题概述

客观性试题是试题的一种形式，是一种具有固定答案的试题。

1.客观性试题的特征与要素

客观性试题通常以选择题的形式出现，选择题通常是由一个问题和一组备选答案组成，选择题可以是单一试题，也可以是共用一个背景材料的多个试题。选择题的答案具有唯一性，其命制是通过一定的情境和设问限制，控制测试对象的反应范畴，限制测试对象的回答区间，从而确保选择题的客观性。客观性试题通常由题干和选项两部分构成。

题干是一个直接提问或不完整的陈述，包括情境和问题两部分。客观题题干的情境受限于试题形式，应该尽量做到精练、明确。此外，虽然试题规模小，但情境同样需要完整、封闭，不留死角。备选项是学生作答的主要依据，可以是文字、数字、符号，也可以是图表、公式等。备选项有正确选项和干扰项之分，正确选项是正确的或最好的备选项，其余的备选项则是干扰项或迷惑项。客观性试题的答案应该是唯一的，不存在歧义。

除了题干和备选项外，提示词也是客观性试题的一部分，一般放在所有客观性试题之前。提示词是关于题目基本情况的说明，包括试题的题量、所占分值、包括哪些形式等，提示词是向测试对象介绍试题的基本信息，主要功能是描述和说明。

2.客观性试题的测量功能

客观性试题的测量功能大致包括以下几个方面：

（1）测量记忆能力。客观性试题可以用来测量学生对知识的记忆水平。对一般事实性知识的记忆是其他认知过程的基础[1]，选择题这种题型比较适合用于测量学生对知识的记忆水平。以下面的试题为例：

世界上第一台蒸汽机的发明者是 _____
A. 古利莫·马可尼　　　　　B. 亚历山大·贝尔
C. 维尔纳·冯·西门子　　　D. 德尼斯·帕潘

这道题是考查事实类知识的典型试题，需要学生调取自身的记忆，找到对应的答案。

（2）测量理解能力。理解能力建立在对知识记忆的基础上。众所周知，理解基础上的记忆比死记硬背更为长久。理解能力相对记忆能力，对指导实践更为有力。客观性试题对理解能力的测量往往借助应用或者实践类情境实现，可以测量学生对知识的理解能力，也可以测量学生对基本原理的理解能力。

对知识的理解是掌握知识的本质，以下面的试题为例：

下列物质中，能与NaOH发生反应的是（　　　）
A. Fe　　B. CO_2　　C. Fe_2O_3　　D. NaCl

① 雷新勇. 大规模教育考试：命题与评价[M]. 上海：华东师范大学出版社，2006：166.

这道题不是单纯对事实性知识进行考查，而是考查学生是否理解了碱的化学性质（能与酸碱指示剂、非金属氧化物、酸、盐等反应）。只有学生真正理解了道理而非知识，才能正确作答。

对基本原理掌握程度的测试需要为测试对象提供新的情景，在这样一种类似的或新的情境中，让测试对象鉴别基本原理、应用基本原理来解释问题。以下面的试题为例：

生活中的自来水通常用氯气（Cl_2）进行杀菌消毒处理，发生反应的化学方程式是 $Cl_2 + H_2O = X + HClO$。则X的化学式为（　　　）

A. H_2　　　B. ClH　　　C. HCl　　　D. ClO_2

这道题主要考查质量守恒定律。在生活用自来水杀菌的情境中，学生能够根据质量守恒定律（反应前后原子种类、数目不变），推算出反应前氯、氢、氧的原子个数与反应后的原子个数差异，进而得出正确答案。

（3）测量辨别、选择、分析的能力。客观性试题也可以用来测量学生对解决问题的过程和方法的辨认、选择和分析能力。

以下面的试题为例：

对比实验是实验探究的重要方法，下列对比实验设计能实现相应实验目的的是（　　　）

选项	实验目的	实验设计	选项	实验目的	实验设计
A	探究温度对分子运动快慢的影响	各加一滴红墨水 50ml冷水 50ml热水	B	探究水对铁钉锈蚀的影响	植物油 蒸馏水 干燥剂
C	探究空气是燃烧的必要条件	水 红磷 空气 白磷 热水	D	探究CO_2与水发生反应	CO_2 干燥的含酚酞的滤纸 湿润的含酚酞的滤纸

这道试题考查的是对比研究在化学实验中的应用。四个选项在不同的实验条件下，探究变量对于实验结果的影响，考查学生是否能认识到对比实验时，要注意变量的控制。这种试题的完成需要学生理解变量对实验结果的影响，对不同环境下的变量变化做出分析和判断，最后得出结论。

3.客观性试题的优势与局限

客观性试题可以用来测量学生的知识记忆能力、理解能力以及辨别、选择、分析的能力。客观性试题的优势在于通过人为限定试题情境和作答范围，使学生的作答结果可控，简化考查流程，方便分析。客观性试题由于其自身特性，一般不受测试对象主观倾向的影响，结果相对客观、公正。当然，客观性试题也有一些劣势，例如，客观性试题无法考查学生的实践能力，不能测量学生的问题解决能力。理解不等于能够选择正确，不等于行动正确。由于客观性试题的限定性特征，无法考查学生的运用能力，对于测评学生素养状况而言，客观性试题很难达成测评目标。此外，客观性试题还存在命制过程中耗时费力的问题。以选择题为例，命制过程中需要编制大量的选项，除了正确选项还有干扰项，为保证试题质量，干扰项的编制难度极高，需要似是而非。从命题实践看，试题选项的编制会耗费命题者大量的精力，而与之相反的是，学生在选择题作答上耗费时间很短，这种相悖无疑是选择题性价比不高的证据。

4.命制客观性试题的要求与注意事项

首先，单项选择题的测试点应尽量单一。单项选择题是客观性试题的主要形式，英语测试中的单项填空、数学测试中的单选题，都是单项选择题，这种题型在客观性试题中占比较大，分值也不低。测试点应尽量单一，是指每一道试题测试的要点或者说考点不可分散，尽量单一。以下面的试题为例：

I am just going to ＿＿＿＿ market, mum. Do you want ＿＿＿＿ ?

A.（不填）；something　　　B. the；everything

C.（不填）；nothing　　　　　　D. the；anything

这道英语试题有两个测试点，一个是冠词，一个是不定代词，虽然试题简单，但是，这两个测试点只要选错一个，这道题就有可能作答错误。换句话说，如果学生在这道试题上作答错误，命题者或者评价者无法准确判断学生在冠词理解上有问题，还是在不定代词理解上有问题，这可能造成后续评价的偏差，阻碍学生存在的学习问题的解决。因此，选择题的测试点不可分散，单一为好。

其次，客观性试题应该偏重考查重要的、需要理解的学科内容。以下面的试题为例：

下列做法与低碳环保一致的是（　　　）

A. 生活垃圾分类回收　　　　B. 市区尽量开车出行

C. 工业废气直接排放　　　　D. 化石燃料过度使用

这道试题要求学生从选项中选择与低碳环保一致的行为，试题要求比较明确。但是，这类试题考查的并非学科的重要内容，更像是生活常识。一个没有经过正规学习的学生，只要稍有常识，就可以轻松获取正确的答案。这种试题的考查意义不大，在实际命题过程中应该尽量避免。

第三，试题的题干明确有意义、简洁，避免无关内容。客观性试题的题干应该有意义，设问应该清晰、明确，没有含糊和歧义，题干中不要包括无关的内容，选项中相同的内容应尽可能置于题干中。以下面的试题为例：

下列说法正确的是（　　　）

A. 光是一种电磁波　　　　　B. 光是一种概率波

C. 光子相当于高速运动的质点　　D. 光的直线传播只是宏观近似规律

试题是关于物质的波粒二象性的考查，只要学生熟悉教材，就能获得正确答案。这种试题在考试中也比较常见，但是，这种试题的题干没有明确意义，题干也没有明确的设问，试题从形式上看就好像是选项的集合，没有明确的指向。

世界大学生夏季运动会是大学生的运动盛会，今年年中将在我市拉开帷幕，大运会设有游泳比赛项目。游泳比赛的池水中含4%左右的$CuSO_4$。$CuSO_4$属于（　　）

　A. 酸　　　　B. 碱　　　　C. 盐　　　　D. 有机物

这道题是对盐的组成的考查。如果学生知道盐的概念，能够很容易选出答案。但是，这道题的题干是有改进空间的。试题的题干与问题关系并不密切，无关背景信息交代过多，造成不必要的阅读障碍，可能影响学生作答。

第四，选择题的备选项应该具有比较好的同质性，以降低可能的猜测概率。备选项是选择题的重要组成部分，科学性要求较高。除正确选项外，备选项应该具有一定的干扰性，同一道试题的备选项应该保持同质，以降低猜测的概率。以下面的试题为例：

Lily, you haven't given me your address. Don't ＿＿ it.
A. forget　　B. collect　　C. require　　D. careful

英语选择题选项的最佳状态应该是从语法的角度看，所有选项都可以，但从语义的角度看，只有一个选项最恰当。这道英语试题从选项上看，D选项与其他选项并不同质（D选项为形容词，其他选项为动词），也就是说，从题干的语法上，学生很容易判断出横线上应该是动词，因此，D选项几乎没有任何干扰作用。

If Lily becomes _____ , her parents will be proud of her.

A. a star 　　B. an engineer 　　C. a secretary 　　D. a speaker

这道英语试题的题干比较明确，四个选项也符合同质要求，备选项形式相似，长度相近。但是，这道试题的答案并不唯一。从语法上判断，四个选项都可以填入空白处，而从语义逻辑看，四个选项也无法做出取舍。这种试题在实际测试中并不罕见，需要命题者注意。

选择题的命制上，选项的编制是难点，选项的编制上，干扰项或者迷惑项的编制是难点。在编制干扰项时，干扰度小，则干扰项意义不大；干扰过大，则试题难度过高，区分度不佳，因此，在编制干扰项上，命题者需要格外注意。常见的编制干扰项的策略有：第一，用错误作为干扰。学生在日常学习中常犯的错误是干扰项的优质来源，教师教学中的遗漏点和模糊点也可以作为干扰项的编制依据；第二，用相关信息做干扰。题干不仅是试题的媒介，也可以作为干扰项的来源，用与题干相似的信息做干扰项，可以增强干扰效果；第三，同质干扰最有效果。备选项需要同质，这点前文已述，相对于不同质，同质干扰项效果更好。因此，在编制干扰项时，可以尽量往同质项考虑；第四，干扰项的长度与正确选项保持类似。学生间广为流行"三长一短选最短，三短一长选最长，两长两短就选B，同长同短就选A，长短不等选择D，良莠不齐C无敌"的考试口诀，就是针对选项的不一致编的。干扰项与正确选项在形式、长度上保持一致或者类似，可以避免选项外观差异导致的作答问题。

（二）主观性试题概述

前文已述，主观性试题包括简答题、分析题、表达题等试题形式，是需要通过人工评阅的试题，不论是主观性试题的作答还是评阅，都不可避免主观性色彩。

1.主观性试题的测量功能

第一，主观性试题可以考查测试对象比较、组织与表达的能力。相较于客观性试题，主观性试题具有较大的开放度，可以考查学生对试题提供的相关信息进行分析的能力，也可以通过试题假设信息的变化考查学生比较的能力。不论是分析还是比较，都需要通过组织信息、组织表述逻辑和表达来实现。以下面的试题为例：

孝景三年，吴、楚反。亚夫以中尉为太尉，东击吴、楚。因自请上曰："楚兵剽轻，难与争锋。愿以梁委之，绝其粮道，乃可制。"上许之。

太尉既会兵荥阳，吴方攻梁，梁急，请救。太尉引兵东北走昌邑，深壁而守。梁日使使请太尉，太尉守便宜，不肯往。梁上书言景帝，景帝使使诏救梁。太尉不奉诏，坚壁不出，而使轻骑兵弓高侯等绝吴、楚兵后食道。吴兵乏粮，饥，数欲挑战，终不出。夜，军中惊，内相攻击扰乱，至于太尉帐下，太尉终卧不起。顷之，复定。后吴奔壁东南陬。太尉使备西北。已而其精兵果奔西北，不得入。吴兵既饿，乃引而去。太尉出精兵追击，大破之。于是诸将乃以太尉计谋为是。

（节选自《史记·绛侯周勃世家》，有删改）

问：本文结尾一句对刻画周亚夫形象有什么作用？

这道试题需要测试对象对提供的材料在充分理解的基础上进行分析，说明文本材料对于刻画人物形象的作用，是考查测试对象对材料进行分析、表达观点的能力。

第二，主观性试题可以考查测试对象逻辑思维能力。学生的科学思维是教育的重要培养目标之一，通过主观性试题，可以有针对性地提供文字、图表、数据等材料，考查学生运用材料解释关系、推理、论证以及支持观点的能力。

第三，主观性试题可以考查测试对象解决问题的能力。问题解决能力是学生素养的重要组成部分，客观性试题囿于试题形式和灵活程度，很难对学生的问题解决能力进行科学的判定，即使勉强测量，也很难测出真实的结果。主观性试题在测量学生解决问题上具有天然的优势。主观性试题的情境相对丰富，设问相对深入，答案相对宽泛，更有利于学生设计能力和解决问题能力的展现。

第四，主观性试题可以考查测试对象的评价能力。评价能力是一种高级认知能力，要求对事物做出分析和价值判断，素养导向的评价需要考查测试对象的评价能力层级。由于客观性试题人为限定作答范围，因此，评价能力无法通过客观性试题测量。反观主观性试题，由于开放性，可以通过情境的设置和问题的设计考查测试对象的评价能力。

第五，主观性试题可以考查测试对象的创造能力。创造能力是最高级的认知能力，需要学生根据任务要求产出新的产品，这种产品是个性化的、建构的、主观的，是不可复制的，是学生通过学习、反思、设计、建构而制造的产物。创造能力无法通过客观性试题测量，需要借助主观性试题测量。

2.命制主观性试题的要求与注意事项

主观性试题的命制有很多区别于客观性试题的要求，命制主观性试题需要注意：

第一，主观性试题情境和素材的公平性。主观性试题的命制，离不开情境的设计和素材的选取。由于测试对象的生活环境、学习背景不尽相同，因此，在情境设计和素材选取上，要充分考虑公平性问题，力求试题对于所有测试对象都是公平的。举例来说，如果试题的题型是表达性试题，话题是平板电脑，就不算是公平的试题，因为对于贫困地区的学生来说，电子设备是奢侈品，是很多孩子日常接触不到的，这种不公平来自家庭资本的差异，不应该作为测试的主要背景和中心议题，以免造成测试有失公允。在素材的选取上，可以选择与教材相似的素材，以确保每个学生都见过，或者选取全新的素材，确保每个学生都是第一次见，不论哪种，都可以最大程度确保试题的公平性。

第二，主观性试题的文字表述要清晰、明确。相对客观性试题，主观性试题的文字量一般较大，同时，主观性试题的文字材料往往是试题的关键情境描述和任务表述，从这个意义上说，主观性试题的文字表述不能有歧义，需要清晰而明确。主观性试题的文字表述中，不能出现引导性、暗示性语言，问题描述不能模棱两可，不能误导测试对象，造成试题效度的下降。

第三，同一道主观性试题的不同素材与设问间应保持一定的一致性。作为描述系统中各要素吻合程度的专有名词，用一致性描述素材与设问的关系非常合适。不论是主观性还是客观性试题，都需要先确定测试目标，根据测试目标选定测试点和素材并设计试题。在试题命制的过程中，命题者应始终关注测试目标与试题的一致性，以确保测试目标的实现。对于主观性试题来说，保持素材与设问的一致性比客观性试题困难，原因在于客观性试题的文字量小、设问直接、答案固定。也正是由于这种困难，命题者需要在命制主观性试题的过程中始终确保材料的呈现、文字的表述和设问的提出具有高度的一致性，确保不会因为要素间的不一致造成测试对象的误解。此外，这种一致性还体现在试题设问的数量与背景素材长度匹配上，根据素材的体量，合理设置问题的数量，有助于合理调控阅读量与问题间的配合关系，提高测试的效度。

第四，主观性试题的作答时间需要合理预估。主观性试题由于其开放度和多元性，不同测试对象的作答时间往往存在差异。由于不同素养水平的测试对象作答时间不尽相同，因此，为科学调控测试时间，命题者应根据测试对象的实际情况和自身经验，标定不同主观性试题的大致作答时间范围。因此，命题者在命制主观性试题后，需要对测试对象作答时间进行合理的预估，以便测试的时间安排能够满足学生作答的时间需求。

第五，主观性试题的参考答案与赋分标准应科学合理。客观性试题的答案通常是比较固定的，一旦确定很少需要调整，主观性试题则不然。主观性试题的参考答案与赋分标准的编制工作是主观性试题命制的难点，也是主观性试题效度的重要影响因素。由于主观性试题需要考查学生分析、组织、判断、建构等能力，而这些能力是有个体差异的、因人而异的，因此，命题者需要精心设计主观性试题的参考答案和赋分标准。主观性试题的参考答案应具有一定的代表性，有利于评分教师的理解，赋分标准应该科学合理。此外，在测试后，测试试卷评阅前，应组织评分教师对测试对象的作答进行试批，通过主动发现作答的多元结果，积极调整试题的可接受答案范畴和相应赋分标准，以确保主观性试题的科学性和有效性。

除了上述命制要点外，命题者还需要充分理解客观性试题与主观性试题的测量功能差异，明确试题的测评目标，选取合适的试题类型，满足不同的测评需要。

第四节　试题参考答案和赋分标准的编制

由于客观性试题命制中，命题者对试题的作答方式进行了限定，也使得测试对象的作答结果在可控范围内，因此，客观性试题的参考答案和赋分标准本书不做赘述。本节主要论述主观性试题的参考答案和赋分标准的编制。

一、主观性试题参考答案和赋分标准的编制要点

主观性试题参考答案和赋分标准的编制是主观性试题命制中非常关键的步骤。命题者对主观性试题测评目标的理解和实现程度，一方面通过试题呈现，一方面通过试题参考答案和赋分标准呈现。在主观性试题参考答案和赋分标准的编制中，需要遵循以下要点：

第一，试题测评目标与评分标准的一致性。主观性试题的测评目标相对客观性试题来说，比较复杂，往往多元而非单一，这样的测评目标对评分标准的质量要求往往比较高。在编制评分标准时，命题者需要根据主观性试题的测评目标进行顶层设计，不论采用何种评分方法，首先需要保证试题测评目标与评分标准的一致性。评分标准中的行为特征应与测评的行为目标一致，评分标准中的行为特征是测评目标的外显，应反映测评的行

为目标。

第二，主观性试题的评分标准应分级界定。由于主观性试题不像客观性试题那样可以限定测试对象的作答范畴，所以，主观性试题的评分标准在预设测试对象作答时，命题者需要充分考虑各种作答可能，并尽量对不同作答可能进行合理分类，将分类进一步类属，标定为不同的作答等级并赋分。在这个过程中，命题者需要充分调动自身的丰富实践经验，对不同作答的行为特征分级分类并进行精准界定和描述，避免出现界定模糊影响评阅的情况。清晰界定行为特征，既有利于最大程度地消除评分误差，也有利于不同评分教师在意见不一致的情形下利用标准做出合理解释，进而最大程度确保主观题评分的科学性和公平性。

在主观题评分标准的编制中，SOLO分类理论①是非常值得命题者学习的。SOLO分类理论是针对学习质量的评价理论，以皮亚杰的认知发展阶段论为基础，从认知发展的不同阶段的不同特征出发，关注学习过程和结果。SOLO分类理论的研究重点是不同测试对象面对不同问题时的不同反应。SOLO分类理论通过对测试对象的不同反应和表现进行观察，将评价分层分类进行。

SOLO分类理论认为，人的认知发展是有阶段的，不同发展阶段的认知水平不同，而且认知水平之间是有质的差异的。SOLO分类理论从能力、思维操作、一致性与闭合、应答结构四个方面对学生的作答水平进行区分，确认了五个思维层次水平：前结构、单点结构、多点结构、关联结构、抽象扩展结构。前结构是最低的认知能力层次，处于前结构能力层级的测试对象容易混淆问题线索和解答，甚至回避回答问题，思维上呈现明显的重复性、跳跃性特点，思维前后逻辑上没有一致性；单点结构是指测试对象在回答问题时，只能联系单一事件进行概括，缺乏逻辑一致性，只能联系问题的单个线索或者单个素材进行说明；多点结构认知发展达到多

---

① [澳]彼格斯，科利斯. 学习质量评价：SOLO分类理论[M]. 高凌飚，张洪岩，主译. 北京：人民教育出版社，2010.

点结构水平的测试对象，能够考虑问题的线索和多个孤立的相关素材，但只能关联有限的事件并进行概括，能够意识到需要将回答与素材使用保持一致，但仍然缺乏逻辑完整性；关联结构是较高的思维能力水平，能够对问题和相关素材、线索进行分析，能在提供的情境中，依据自身的经验范围和相关知识进行概括，逻辑上能够保持系统中各要素的一致性，偶尔出现系统外的不一致；抽象扩展结构是最高级别的能力层次，测试对象能够依据问题线索和相关素材进行分析并论证，能够进行演绎与归纳，能对新情境中的任务进行概括并前后逻辑一致地回答，能够思考同一问题在不同情境中的多种解决方案，进行多样化、创造性解决问题。

SOLO分类理论在教育测量与评价中被广泛应用，具有很高的可操作性和契合度。在主观性试题评分标准编制中，命题者可以根据自身实际状况和试题特征，酌情使用。

二、主观性试题参考答案和赋分标准的编制原则

（一）详尽原则

主观性试题在评阅过程中最大的误差来源于不同评阅人员的理解差异，这种差异往往是造成主观性试题信、效度不高的重要原因。为尽量缩小评阅人员间的理解差异，主观性试题的参考答案应尽量详细，尽可能涵盖测试对象的所有应答反应。这需要命题者具备丰富的教学经验和命题经验，能够预设测试对象的反应并进行分级，通过对不同反应等级进行详尽描述和赋分，最大限度减少由于理解差异造成的评阅差距，提高主观性试题的信、效度。

（二）最优原则

最优原则是针对主观性试题的赋分标准形式而言的。从评分方法上看，主观性试题可以采用总体评分和分项评分两种赋分方式。总体评分是从测试对象的整体作答出发，利用量表或者标准，对作答进行赋分的方法。书面表达试题的评分经常用到总体评分法。举例来说，英语的书面表达试题，评阅时会将试题的赋分标准按照一档、二档、三档、四档进行区

分，对不同档次的作答进行描述并赋分。总体评分法操作简单，容易理解，但可能存在分级模糊、描述不清晰的问题。分级评分法，是将测试对象的作答按照行为特征或表现水平分成不同类别，对每一类别进行详细的分等级的描述并赋分的一种评分方法。数学的应用性试题按照步骤赋分，就是一种分级评分。分项评分法对作答的不同级别的描述比较详细，也便于阅卷教师理解，但相对总体评分法，耗费的时间相对长。

值得注意的是，由于主观性试题的开放度相对更高，更有利于测试对象建构意义、表达输出，因此，在指向素养测评的试题命制工作中，主观性试题是更为符合素养测评需求的题型。

以下面的试题为例：

Five Boiled Eggs

An Old Turkish Tale retold by Laura S.Sassi

Introduction: Nasreddin Hodja, a character in this story, is familiar in many Turkish legends. "Hodja" means teacher.

Long ago, a poor country boy left home to seek his fortune. Day and night he traveled, stopping to eat at inns along the way. Though he ate sparingly, his money quickly dwindled until, one day, no silver akches remained.

Still, the boy kept walking. Soon, however, his empty belly began to ache. Staggering up to the next inn he saw, he approached the innkeeper.

"Please feed me!" he said. "I don't have any money now, but I promise to pay you as soon as I can."

"I'll see what I can spare," the innkeeper grumbled. He took five boiled eggs out of a large bowl and put them on a plate with some stale bread. "Here," he said, plopping the platter in front of the boy.

The famished lad gratefully gobbled every morsel. Then, repeating his promise to pay back the innkeeper, he journeyed on.

Revived by his five-egg breakfast, the boy soon reached a bustling seaport. Intent on finding his fortune, he set sail on the first ship that was leaving the harbor.

Years passed, and the lad prospered. As a sea merchant, he sailed far, stopping in many exotic ports. However, he never forgot his humble beginnings or the money he owed the innkeeper.

When he finally returned home, he stopped by the old roadside inn.

"Kind sir," he respectfully inquired, "how much for the five boiled eggs that you served me so long ago?"

In truth, the innkeeper did not remember him, for this fine-looking fellow looked nothing like the scrawny lad who had begged for food some ten years before. Still, eager to make a profit, he readily added up the charges." That'll be ten thousand akches," he declared.

"For five eggs?" The rich stranger gasped. He had thought that he would have to pay no more than ten or twenty akches.

"Ah, but you must consider their lost worth," the greedy innkeeper replied. "Had you not eaten those eggs, they would have hatched into hens. Those hens, in turn, would have laid eggs that would have hatched into hens..." On and on he ranted until at last he reached his grand total.

When the stunned merchant refused to pay, the innkeeper declared that he would take him to court.

A trial was set for the following week. Alas, rumor had it that the judge was a close friend of the innkeeper.

"I'm ruined!" the merchant muttered as he sat in the village square. "What will I do?"

At that moment, he was approached by a sturdy little man wearing a white turban and riding a donkey. "Nasreddin Hodja, at your service," the man said with a friendly nod. "What seems to be the problem?"

After hearing the merchant's story, Hodja announced, "This is your lucky day! It would be my honor to defend you. I have great experience in these matters."

"Thank you," the merchant said, amazed at his good fortune. But when the court date finally arrived, Nasreddin Hodja was nowhere in sight.

"Woe is me," mumbled the merchant.

"I'll soon be rich!" cried the innkeeper.

"Where is Hodja?" demanded the judge, growing angrier by the minute. He was about to render judgment in the innkeeper's favor when Hodja boldly barged in.

"Pardon me," he said, panting, as he hastily took the witness stand." I would have been here sooner, but this morning I had the cleverest plan. Instead of eating my boiled corn for breakfast, I planted it. Think of the rich harvest I'll reap!"

"That's absurd," the innkeeper scoffed. "You can't grow corn from cooked kernels!" "Indeed?" Hodja said with mock wonder. "Then, sir, how is it that you would have been able to hatch chickens from boiled eggs?"

At that, the whole room reeled with laughter.

"Order in the court!" shouted the judge, pounding his gavel and scowling at the innkeeper.

The judge then ruled that the merchant would not have to pay even one akche for the eggs. Instead, the innkeeper would have to pay a fine for wasting the court's time with such foolishness.

译文：

五个煮鸡蛋

劳拉·S.萨西重述的一个古老的土耳其故事

简介：Nasreddin Hodja，这个故事中的一个角色，在许多土耳其传说中都很熟悉。"Hodja"的意思是老师。

很久以前，一个贫穷的乡村男孩离家去寻找财富。他夜以继日地旅行，沿途停下来在旅馆吃饭。尽管他吃得很少，但他的钱很快就减少了，直到有一天，没有一个银币了。

尽管如此，男孩还是继续走着。然而，很快，他空荡荡的肚子开始疼痛。他跟跟跄跄地走向他看到的下一家客栈，走近旅店老板。

"请给我点吃的吧！"他说，"我现在没有钱，但我保证会尽快付钱给你。"

"我看看还剩了什么。"旅店老板抱怨道。他从一个大碗里拿出五个煮鸡蛋，把它们和一些不新鲜的面包一起放在盘子里。"给。"他说，"扑通"一声把盘子放在男孩面前。

饥饿的小伙子感激地狼吞虎咽地吃了每一口。然后，他重复着偿还客栈老板的诺言，继续往前走。

吃了五个鸡蛋的早餐后，男孩恢复了活力，很快就来到了一个繁忙的海港。为了找到自己的财富，他乘坐第一艘离开港口的船启航了。

几年过去了，小伙子成功了。作为一名海商，他航行得很远，在许多异国港口停留。然而，他从未忘记自己卑微的出身，也从未忘记欠客栈老板的钱。

当他终于回家时，他在路边的一家老客栈前停了下来。

"好心的先生"，他毕恭毕敬地问道，"好久以前你端上来的五个煮鸡蛋多少钱？"

事实上，旅店老板不记得他了，因为这个长得漂亮的家伙一点也不像十年前那个乞讨食物的瘦骨嶙峋的小伙子。尽管如此，由于急于盈利，他还是欣然将费用加起来。"那将是一万个里拉。"他宣称。

"五个鸡蛋？"富有的陌生人喘着粗气。他原以为他要付的钱不超过十几二十里拉。

"啊，不过你得考虑你吃了鸡蛋造成的损失。"贪婪的旅店老板回答说，"如果你没有吃那些鸡蛋，它们就会孵化成母鸡。反过来，那些母鸡会产下会孵化成母鸡的鸡蛋……"他不停地咆哮，直到最后达到了他的总数。

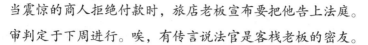

当震惊的商人拒绝付款时，旅店老板宣布要把他告上法庭。

审判定于下周进行。唉，有传言说法官是客栈老板的密友。

"我破产了！"商人坐在乡村广场上喃喃自语，"我该怎么办？"

就在这时，一个戴着白色头巾、骑着驴子的健壮的小个子男人走近了他。"Nasreddin Hodja，为您服务。"该男子友好地点头说道，"问题出在哪里？"

听到商人的故事后，Hodja宣布："今天是你的幸运日！我很荣幸能为你辩护。我在这些事情上有很好的经验。"

"谢谢你。"商人说，惊讶于他的好运。但当开庭日期终于到来时，Nasreddin Hodja却不见了。

"我真倒霉。"商人喃喃自语。

"我很快就会变得富有！"旅店老板喊道。

"Hodja在哪里？"法官问道，越来越愤怒。在Hodja大胆闯进来的时候他正要按照旅店老板期望的去审判。

"对不起"，他一边气喘吁吁地说，一边匆匆走上证人席。"我本来会早点来的，但今天早上我有一个最聪明的计划。早餐我没有吃煮玉米，而是种了它。想想我会有多么丰盛的收获吧！"

"太荒谬了！"旅店老板嘲笑道，"你不能用煮熟的玉米粒种玉米！""真的吗？"Hodja假装惊讶地说，"那么，先生，你怎么能用煮鸡蛋孵小鸡呢？"

听到这话，整个房间都哄堂大笑起来。

"法庭上保持安静！"法官喊道，敲着木槌，怒视旅店老板。

法官随后裁定，该商人不必为鸡蛋支付哪怕一里拉的费用。相反，客栈老板将不得不支付罚款，因为他如此愚蠢地浪费了法庭的时间。

问题：

Describe what kind of person the merchant is. Give one detail from the story to support your answer. （描述商人是什么样的人。从故事中给出一个细节来

支持你的答案。）

参考答案：

A级：完全理解

这个级别的回答描述了商人是什么样的人，使用故事中的一个相关、准确的细节来支持答案。

例1：我认为商人是一个诚实的人。在故事中，商人承诺要报答旅店老板。十年后，他回来付钱给那个旅店老板。这证明商人是诚实的。

例2：商人是一个勇敢的人。我想这是因为在故事中说他上了一艘船，停在许多异国情调的港口。在很多地方停下来可能非常危险。

例3：商人并不是一个充满希望的人，因为他没有活在自己身上，当他坐在村庄广场上时，他喃喃自语"我毁了"而不是说"我能做到"。

例4：商人是个好人，因为他信守了对旅店老板的承诺。

B级：部分理解

此级别的回答描述了商人是什么样的人，但没有提供故事中相关、准确的细节来支持答案。

例1：我形容商人是伟大的、诚实的、富有的、非常成功的。

例2：他很勇敢。

例3：商人是一个善良的人。

C级：很少或根本没有理解

此级别的响应提供了不准确的信息、不相关的详细信息或个人意见。回答可能只是重复这个问题。

例1：旅店老板很贪婪，因为他给男孩鸡蛋，但是当男孩想还他时，他想要的钱比鸡蛋本身的价值还多。

例2：商人很善良，因为他把里拉给了旅店老板。

例3：商人是买卖东西赚钱的人。

例4：很久以前，一个贫穷的乡下男孩离家出走，去寻求财富。

分析：这是一道NAEP的测试题，试题素材选自土耳其的一个古老寓言故事。素材内容丰富，真实有趣，难度适中，适合测试对象阅读。我们从整个试题单元中选择了一个小题进行分析。这道小题属于半开放试题，要求测试对象根据提供的材料，利用文本信息论证商人是什么样的人。从文本提供的信息看，测试对象的作答范围相对宽泛。命题者在设计这道主观性试题的答案时，利用了总体评分法，将作答划分为三个等级，对每个等级进行了比较详细的描述。评阅人员可以根据等级描述将作答进行归类，从而较快确定测试对象在该小题上的得分。

上述参考答案设计方式，是SOLO分类理论在主观性试题参考答案设计上的具体运用，主观性试题的参考答案和赋分标准设计是主观性试题命制中的一大难题，需要命题者深入理解和思考，根据实际情况做出最合理的设计，以确保试题的效度。

第五节　试题质量的调控

组建命题队伍、绘制命题蓝图和多维细目表、确定命题目标、选取命题素材、创设试题情境、设计问题、编制参考答案和赋分标准后，并不意味着命题工作的结束，对于命制好的试题，命题者还需要进行反思和调控。

一、测试结构

测试结构，指的是测试中各种要素的结构，包括内容结构、能力结构、题型结构和难度分布。试题命制工作完成后，命题者应根据事先设计的命题蓝图和多维细目表，反思整个测试的内容结构、能力结构是否合理，题型和难度分布是否科学，只有这样，才能确保测试是命题者命题意图的体现。

二、测试目标

命题的最终目的是实现既定的测试目标和功能。试题能否达成测试目标，可以通过以下几个方面反思：第一，对照。命题工作结束后，所有命题者应对照命题蓝图和多维细目表，反思测试框架和试题难度的合理性；比照设计命题蓝图的测试目标，反思试题的测试功能是否能够实现；第二，研讨。命题小组内的多个命题者，可以通过研讨，论证试题的设定能否激发学生的特定反应，以确定试题的命制是否符合测评目标需要；第三，模拟作答。命题者通过换位思考，以测试对象的身份作答试题，在作答过程中，论证试题能否指向具体明确的行为特征。

三、试题与参考答案的一致性

命题工作结束后，命题者需要反复考虑测评对象作答的多种可能，核对试题与参考答案及赋分标准的一致性，确保试题的参考答案尽可能多地涵盖测试对象的作答范围，保证参考答案及赋分标准的科学性。

四、试题难度

试题难度的反思与调整也是命题质量调控需要考虑的问题。整个命题工作中，试题难度预估是比较难的环节，对命题者考验较大。在编制多维细目表时，需要对试题难度进行设定，在后续的命题工作中，需要用具体试题实现多维细目表中的难度预设。命题工作结束后，命题者需要反复核查试题难度与多维细目表设定难度的一致性，对有偏差的试题难度，可以微调多维细目表，以确保试题难度与预设的一致性，确保测试难度达到预期。

在命题质量调控上，除了上述要求，还需要命题者通过换位思考和模拟作答，尽可能准确估计测试对象的作答时间，确保测试时长安排合理。

总之，命题流程是关于命题的过程阐释，是命题工作开展的行动逻辑，实际操作过程中，命题者为有助于命题工作的顺利开展，可根据实际情况调整流程细节。

本章小结

命题工作是一项有规范流程的工作，有着基本的原则和步骤，命题者在试题命制工作中，需要按照命题流程，科学执行命题步骤，确保试题质量。

对于测试命题工作来说，首先要解决的问题就是队伍问题。高质量命题队伍的组建，是影响命题工作质量的大事。组建命题团队需要考虑几个方面：第一，命题队伍的人员选择。命题人员的选择，需要满足年龄结构合理、背景分布合理的要求；第二，命题队伍的培训。命题队伍组建后，不能立即开展试题的命制工作，而是需要对其进行必要的培训，通过培训，达到统一思想、提高命审题素养的目的。命题队伍的培训内容一般包括政策学习、保密教育和命题素养几个方面。

绘制命题蓝图和多维细目表。命题蓝图是命题工作开展的重要基础，是命题者关于命题的整体架构和综合设计。科学的命题蓝图，能够指导命题者的命题工作按照既定规划进行，确保试题能够达成既定测试目标。学科命题多维细目表是考试命题的一个编制提纲，是保证测验题目具有代表性的手段之一，是为特定的目的、在特定的范围内确保命题的精确度而使用的命题蓝本。多维细目表的编制步骤是：第一步，确定测试要点和能力要求；第二步，依据测试的目标按照内容权重和能力要求分配试题分值；第三步，对拟命制的试题进行难度预估；最后一步，将确定好的测试点、能力水平、试题预估难度等信息落实到多维细目表中。制定多维细目表的注意事项有：第一，考虑目标的多维性；第二，确定考查内容所占的比重；第三，细化试题类型数目。此外，多维细目表制定的时间是在命题工作之初，试题正式命制之前。

试题的基本要素包括目标、情境、设问和答案。试题的基本类型包括客观性试题和主观性试题。

客观性试题是试题的一种形式，是一种具有固定答案的试题，通常以选择题的形式出现。客观性试题的测量功能大致包括：第一，测量记忆能力；第二，测量理解能力；第三，测量辨别、选择、分析的能力。客观性试题的优势在于通过人为限定试题情境和作答范围，使学生的作答结果可控，简化考查流程，方便分析；劣势在于无法考查学生的运用能力且命制过程耗时费力。客观性试题命制中，需要注意单项选择题的测试点应尽量单一；应该偏重考查重要的、需要理解的学科内容；题干明确有意义、简洁，避免无关内容；备选项应该具有比较好的同质性。

主观性试题包括简答题、分析题、表达题等试题形式，是需要通过人工评阅的试题。主观性试题的测量功能大致包括：考查测试对象比较、组织与表达的能力；考查测试对象逻辑思维能力；考查测试对象解决问题的能力；考查测试对象的评价能力；考查测试对象的创造能力。主观性试题命制中，需要注意试题情境和素材的公平性；试题的文字表述要清晰、明确；同一道主观性试题的不同素材与设问间应保持一定的一致性；作答时间需要合理预估；参考答案与赋分标准应科学合理。

主观性试题参考答案和赋分标准的编制。编制时应注意：第一，试题测评目标与评分标准的一致性；第二，主观性试题的评分标准应分级界定。主观性试题参考答案和赋分标准的编制，应遵循详尽原则和最优原则。

试题质量的调控。命题者在命题工作结束后，需要从测试结构、测试目标、试题与参考答案的一致性、试题难度、估计测试对象的作答时间等方面对试题质量进行反思和调控。

第四章

素养导向的试题命制策略

　　学生发展核心素养主要指学生应具备的能够适应终身发展和社会发展需要的必备品格和关键能力。各学科的核心素养有所不同，但都离不开必备品格和关键能力。核心素养评价要求通过观察学生在真实情境下的任务解决过程来推断学生核心素养的达成度，而不是对抽象知识与概念和去情境化的原理与规则的考查。[①]

　　素养导向的试题命制工作，首先要明确什么是素养。《汉书·李寻传》中有"马不伏历，不可以趋道；士不素养，不可以重国"。陆游的《上殿札子》中提及"气不素养，临事惶遽"。素养在《现代汉语词典》上的注解是：由训练和实践而获得的技巧或能力；平时的修养。在西方语境中，素养对应的英文是Literacy，它是从Literate派生出来的，而后者又来

---

① 徐汛峰, 付雷, 余嘉辉. 核心素养视角下中考试题情境计量分析[J]. 考试研究, 2022（3）：93-103.

源于拉丁语Literatus，即有文化的意思。近年来，随着国际学生评价项目（Program for International Students Assessment，简称PISA）的开展，"素养"一词逐渐升温，在PISA中，素养是学生运用所学知识和技能，有效进行分析、推理、交流，在各种情境中解决和解释问题的能力。与素养相关的概念有素质、能力等。相对于素质，素养更强调后天性、应用性和实践性；相较于能力，素养包含了情感态度与价值观的意蕴。因此，"素养"是可教、可学的，涵盖了知识、能力、情感态度与价值观，是三者的整合与提升。"素养"的培育符合全人教育的理念，符合"促进认知全面发展、适应社会需要"的教育质量标准。

素养导向的试题命制工作，不同于常规试题命制的一般性原则和流程，需要在试题命制工作中体现素养导向，这需要命题者掌握利用试题对测试对象素养进行测评的基本理念和原则，在命题中落实素养立意的要求。

第一节　素养导向的命题指导原则

从本质上看，试题是一种刺激，命题者根据课程标准要求，通过设定这种刺激的发生、发展，引发学生产生相关反应，根据学生的反应对其能力和素养做出判断。命题工作，实际上是设计刺激、预设反应、判断反应、评价反应的过程。

一、整体设计原则

试卷是由试题组成的，以往命题者往往认为每个试题都是独立的，因此，只要命好每一道题，就能组成一套优秀的试卷。很明显事实并非如此。试卷是一个整体，每一道题都应该为整体服务，试卷中的试题可能并非都完美无缺，却在命题者的规划下形成有机统一的整体，共同为试卷效能的最大发挥而贡献力量。从这个意义上说，素养导向的试题命制首先应该遵循整体设计原则。命题者在命制试卷时对试卷应该发挥的评价功能有明确的认知，应该清楚知道如何达到最优的结果，应该在头脑中清晰勾勒出试卷每个部分的功效并绘制出命题蓝图。对命题的整体设计能够帮助命题者对由试题组成的试卷有清晰明确的整体性认知，帮助命题者在选择试题情境时做出科学的判断和取舍。整体设计原则包含一致性和一体化两个层面。

（一）一致性原则

自20世纪90年代基于标准的课程改革在世界各国推行开始，一致性问题就日益突显，众多学者针对评价与教学、评价与标准等问题展开研究，试图确认教育教学系统中的一致性程度。一致性作为一个教育评价领域的重要词汇，其界定众说纷纭，但归根到底，是指要素间的有效匹配性和吻合度。①对于命题工作来说，一致性也是一个重要标准和原则。试题是否符合核心素养的要求，是否指向核心素养的考查，是考试能否完成核心素养测评的关键。试题是否与核心素养一致，是否指向核心素养，决定了考试命题能否完成转型，达到测评或者辅助测评学科核心素养的目的。

命题与标准的一致性。素养为王的今天，命题工作离不开核心素养测评，而核心素养也是课程标准的重要线索，因此，素养导向的命题首先要与课程标准相一致。只有与课程标准的培养目标、学业质量标准、评价标准相一致，命题才能够满足我们素养导向下的学习与评价的需求，完成对学生核心素养的考查并通过评价促进学生素养的发展。

命题与学生特征一致。学习是循序渐进的过程，不同学年学生的学习内容是有差异的，随着学生年龄的增长，他们对所学内容的理解也日渐增长，他们的思维能力和水平也日益提升，因此，命题应该充分考虑不同学年学生的理解力和发展性，尽量兼顾差异性。素养导向的试题命制，需要充分考虑测试对象的学年不同、年龄不同，需要确保试题与学生的学年、年龄特征相符合，以便通过评价促进学生更好地发展，帮助学生素养的形

---

① 刘学智. 学业评价与课程标准一致性研究：基于标准的小学数学学业水平分析模式与策略[M]. 长春：东北师范大学出版社，2011：47.

成，换句话说，素养导向的试题命制需要与学生的认知发展相一致。

在命题时，命题者应考虑不同学年学生实际情况，针对不同学年制定不同的命题思路和试题类型。举例来说，七年级的学生在学习上还处于小升初的过渡阶段，这个时候的命题就不能盲目照搬照抄初中毕业升学考试的题型，要深入思考题型的适切度。不仅题型，试题的侧重点也应该不同学年有所差别。以英语学科为例，在四大核心素养中，英语语言能力是构成核心要素的基础要素，英语语言能力的提高蕴含文化意识、思维品质和学习能力的提升，有助于学生拓展国际视野和思维方式，开展跨文化交流。而七年级的学生在英语学习上首先是语言知识和基础技能的习得。针对这个年级的学生在考查时要充分考虑试题的梯度，以理解性、基础性知识考查为主，不可过早过度考查表达性技能。九年级的学生经过初中三年系统的英语学习，已形成了一定程度的语言学习基础，在命题时，则应倾向于高能力层级、应用性能力的考查。

（二）一体化原则

"一体化"又称综合化，最早出现在20世纪40年代末的西欧，当时只是偶尔被使用。进入70年代以后，"一体化"的概念才逐渐明确和规范起来。从命题活动看，"一体化"主要是指将命题过程中的诸要素有机整合，实现不同要素间的融合，以达到系统结构变革、功能转化的过程。具体来说，命题的"一体化"主要有两个方面的内涵：第一，试题的衔接问题；第二，试题的系统性问题。

衔接，涉及教育的各个方面，主要体现在课程内容设计上。早在2010年7月，教育部发布的《国家中长期改革和发展规划纲要（2010—2020）》就明确指出"树立系统培养观念，推进大中小学有机衔接"。这种衔接，主要体现在教材内容的安排上和教材结构的设计上。但是，教材最终要用于课程教学，课程教学结果的检验又离不开评价，因此，换句话说，命题同样需要考虑衔接问题。这种衔接，主要体现在试题的连贯性上。命题工作不同于一般工作，其严谨程度、科学程度都需要达到很高的要求，换句话说，命题工作的执行者也就是命题者，需要有非常高的技术素养和专业理念，需要在试题命制的过程中通过短短几十道或几道试题体现我们对学生素养的考查，传达命题者对学生学习的鼓励和价值观的引导。可以说，命题工作的结果可能是一套试卷，但命题的目的绝不仅仅是通过试卷对学生学业成绩做出区分，而是通过这种形式，引导学生树立正确的价值观、学习观，从这个意义上说，试题需要命题者进行整体的把握和设计，不同年段的考查要点要体现螺旋上升，呈现出梯度。各学段的命题者应该有所交流，做到不同年级间试题的衔接。

　　课程统整理论的相关论述，与命题中的系统性问题有相似之处。《课程统整》一书中，论及了四方面统整：经验统整、社会统整、知识统整和课程设计统整。[①]经验统整强调经验的动态流动特征，经验是人们处理事物的已有观念、经历、信念等的集合，帮助人们在新的场景中将建构的意义融入原有的意义系统并加以应用；社会统整认为学校的重要教育目的之一在于向民主社会中不同背景和特质的年轻人提供共同的可分享的教育经验，通过课程增进共同价值和利益；知识统整一定程度上消弭了知识的分科和边界，将知识呈现在具体现实的情境中，帮助人们更深刻理解和感受其意义；课程设计统整是以问题或者议题组织课程，规划学习经验，强调应用，帮助学生经历问题解决的过程。所谓命题的系统性，有点儿类似课程统整的理念。首先，命题过程应该是命题者整体设计架构的过程，是将各个要素有机组合成一个高度协同的整体的过程，是命题者通过设计考查学生建构的过程；其次，试题命制应该考虑知识间的系统性、关联性，考虑测试对象的真实生活体验与经验，应该引导学生经历问题解决的过程，帮助学生通过评价活动更为深刻的体会和理解知识；最后，试题情境应该是丰富的、有意义的、嵌入式的。试题应该有助于学生体会理解知识、体会运用知识的乐趣，应该将学生卷入试题情境，有利于学生素养的考查。

---

① [美]James A.Beane.课程统整[M]. 单文经，等，译. 上海：华东师范大学出版社，2003：9.

二、情境设计原则

情境是试题的重要组成部分，情境设计是试题命制工作的重要环节，我们采用什么样的情境来引出问题、呈现问题，很大程度上影响了学生素养水平的发挥，影响我们对学生素养水平的测量。好的情境设计能够帮助学生尽快进入问题情景，代入角色，提高学生对试题刺激的理解和反应，最大程度展现自己的问题解决能力。在试题情境设计上，应遵循真实性、任务性原则。

所谓真实性原则，指的是命题者设计的试题情境要在现实中存在并贴近学生生活，要尽量还原真实生活中的情景和场景。测试不仅要选用情境，而且要尽量提高情境的真实性。作为命题工作绕不开的话题，在落实情境真实性原则时，要提供相对完整的情境，情境设计应该力求真实，尽量贴近学生的真实生活，符合生活常识和认知习惯。素养导向的任务，需要学生能够在拥有结构化的知识与技能、理解和把握思维方法和价值观后，在不同的任务情境中，做出恰当的、个性化的反应。这种反应，需要在贴近真实的复杂情境中发生，需要学生充分调动自身的"已有资源"，通过调整、反思、组织、设计等活动，对陌生问题做出判断和反应。

尽管命题者对情境真实这一观点能够达成一致，但在实际操作上，却很难始终关注试题背景的真实度以及和学生生活的贴近度。真实情境下的任务不像传统测试题目那样具有完整明晰的条件和问题结构，通常也没有固定的答案和解题套路，因此，显得更加真实和自然。它让学生觉得是在解决有现实意义的问题，有助于激发学生参与和投入的兴趣。①

任务性原则，是素养导向的试题命制工作必须遵循的一大原则。所谓情境的任务性，是指试题情境的设计应该与所需测评的素养一致，与任务协调，换句话说，试题情境应该与任务融合，应该有助于任务的呈现。命题者在设计试题情境时，要充分理解复杂多变的时空中的现实问题与人工设计打磨的情境中的考试试题的差距，确保任务的测试目的与情境设计的

① 杨向东. 指向学科核心素养的考试命题[J]. 全球教育展望, 2018, 47（10）：39-51.

相符程度，确保情境的任务指向明确。

如果说素养是学生经过长期的学习、经历和思考，形成的整合了知识、技能、方法、态度等的综合能力和品质，那么，真实的、指向任务的情境就为学生能够运用其能力和品质应对和解决实际问题提供了适合的土壤和环境，情境设计的质量，关系到学生对任务的理解和学生素养表现的发挥，从这个意义上说，情境设计对于素养导向的命题工作是非常关键的。

三、指向建构原则

今天的教育，已经从某种程度上脱离了对知识的简单记忆和再现的要求，而是着眼于学生整体认知和综合能力的发展。教育应珍视每个学习者独有的经验世界，尊重学习者对问题的不同理解，帮助他们在特定的情境下自由大胆地参与探索和交流，从而完成一次有意义的建构。[①]知识在真实的问题和情境中不断发挥其应用价值，同时学生在真实的问题和情境中所学得的也是切实有用的活知识。更为重要的是，在面向生活、面向问题的情境中，学生的潜能能够得到充分的发挥，学习的过程成为其自主发展和自我展现的过程，同时也成为其个性张扬和自由创造的过程。

建构主义认为，世界虽然是客观存在的，但每个个体对相同事物的理解却是不同的，这种理解是受到每个人自己原有经验影响的，由于个体的原有经验不尽相同，对同一事物也会产生不同理解。因此，建构主义学习理论认为，学习是引导学生从原有经验出发，生长（建构）出新的经验。"学生不是外部信息的被动接受者和知识灌输的对象。当问题出现时，学生往往基于相关的经验，对外在信息进行主动的选择和加工，形成对问题的某种解释，从而建构信息的意义。"[②]在建构主义者看来，最优的完成知识学习的方式，是不能囿于课堂限制的，是通过真实的现实生活的感受和体验完成的，不是听取教师的介绍，而是通过实践与体悟，掌握规律，升华认知。

① 王芳, 常双. 小学语文主题式实践活动的设计与实施[M]. 沈阳: 辽宁人民出版社, 2022: 17.
② 戴颖. 建构主义的教育理念简析[J]. 宜春学院学报, 2007（12）: 187–189.

从建构主义视角出发，不仅是学生学习观、教师教学观，甚至是我们的命题观也应该落实建构理念。指向建构的命题原则，是希望试题的命制以考查学生的真实素养水平为指向，以综合调动学生已有的知识经验和能力为目标，鼓励学生超越知识记忆的局限，打破固有僵化的解题模式，自我革新，在问题解决的过程中，建构新的意义。指向建构的命题原则，包含两层含义：第一，试题的测试目标指向建构；第二，试题情境和任务指向建构。

试题是命题工作的主要成果，其质量关系到测试目标的达成，试题的命制需要以测试目标为指引，从这个意义上说，测试目标是试题命制的基础和核心，是试题命制的主要依据，换句话说，试题的命制以测试目标为旨归，试题命制前，需要首先明确测试目标。综上，我们不难推断，素养导向的试题命制应以测试学生的素养为目标。学生的素养是建立在知识、能力、价值观等诸多因素基础上的综合品质，想要测试学生的素养状况，需要明确试题的测试目标，只有测试目标指向建构，才能够有效达成对学生素养状况的测量。测试目标指向建构，意味着学生在对试题进行回应时，需要通过其在具体任务上的表现来推断其建构特征和水平，也意味着命题者在命制试题之前，就充分认识到试题需要测量的建构的本质和属性、复杂程度和评价指标，命题者需要清晰地认识到其所设计的任务应该能够引导学生卷入情境进行建构并提供有效的表现或者证据，以便证明自己的素养水平。

在测试目标指向建构的理念下，试题需要实现应用性和输出化。试题应用性，指的是试题应该指向学生综合能力考查，偏向应用与实践。正所谓"学以致用"，试题应该是激发学生展现自我能力的引爆器，命题者应充分利用试题，最大限度地使其成为考查学生核心内容和能力的有力手段。试题输出化，是指试题应该有利于学生将内化的能力向外输出，通过表现、表达、反思、设计等途径，充分展现自身的素养。

素养导向的试题命制，不仅试题的测试目标要指向建构，试题的情境创设和任务设计也需要指向建构。试题的情境创设是引导学生理解试题的关键，指向素养的考试命题，需要通过情境的设计辅助命题者达到刺激学生反应、衡量学生建构水平的目的。学生的建构，应该在深刻理解任务情境、理解任务目标的基础上达成，因此，命题者需要通过开放的、复杂的、综合的任务情境设计，区分不同素养水平的学生在开放、复杂任务中的综合表现并通过任务促进学生认知的发展和提升，帮助学生在问题解决过程中形成合作意识、反思能力、自我监控能力和终身学习观念。

四、突出核心原则

素养导向的试题命制，不同于一般的考试命题，需要明确命题的核心并坚持在命题工作中突出核心。素养导向的命题核心，包含三方面含义：第一，命题的内容突出复杂的、需要持久理解的核心内容；第二，命题情境的创设应该突出核心情境，弱化边缘情境；第三，试题应该体现内容、难度适切性和任务的综合性。

周文叶教授在《中小学表现性评价的理论与技术》一书中，提出"与表现性评价匹配的目标必然是那些具有情境性、复杂性的高级的目标"[①]。表现性评价是指向学生真实情境中问题解决能力和过程的评价，不仅评价学生知道什么，而且评价学生能做什么。表现性评价兼顾了共性与个性、群体与个体、过程与结果，这符合新时代我们对教育评价的价值认知。因此，素养导向的命题也需要突出那些复杂的、需要持久理解的、能激发学生表现的内容。今天的学习，早已摆脱了单纯的封闭空间的知识讲授，发展为多元的、智能的、概念性理解基础上的实践与运用。对于这种学习的评价，需要摆脱固有的僵化命题模式，跳出知识点、考点思维局限，将考查的视域扩大到学生的综合素养水平上，试题考查的应该是关键能力和核心概念，这就需要命题者在命题时摒弃那些浮于表面的、浅表性知识，挑选那些需要理解的、深度的、系统性的关键内容作为测试点，以素养为目标进行试题设计。

命题离不开情境的创设，从难易程度上，试题情境可以分为简单情境和复杂情境；从真实程度上，试题情境可以分为真实、近乎真实情境和

---

① 周文叶.中小学表现性评价的理论与技术[M].上海：华东师范大学出版社，2014：67.

虚构情境；从情境与任务的关系密切程度上，试题情境可以分为核心情境与边缘情境。指向素养的试题命制，其情境应该是复杂的、真实的、突出核心的。真实情境中的任务没有传统试题那种典型的条件与问题形式，线索往往丰富多样，不要求学生以固定的套路进行作答。真实的任务情境由于贴近实际生活，其逻辑与线索多元且不固定，缺乏典型传统试题命制上的"边界感"，因此，这种情境往往也是复杂的。核心情境是与试题要测评的素养联系密切，有助于问题突显的情境，反之，则是边缘情境。素养导向的命题，需要通过核心情境突显任务的关键信息，尽量消除人为障碍的设置，帮助学生通过关键信息尽快了解试题，明确任务要求。

素养导向的试题应该具备适切性和综合性。适切性是指试题符合学生素养测评的要求，形式合理科学，不包含人为设置的理解障碍，不通过试题形式、设问角度人为拔高难度，确保试题契合学生的年龄、年级和心理发展水平。以英语阅读理解试题为例，适切性体现在阅读理解试题命制的各个方面，如命题者提供的呈现出来的文段是否适合该学段学生阅读，是否贴近学生生活实际，难易度是否适当。同时，考查点是否为文章的主要信息，题目顺序是否符合学生的阅读习惯，题目是否违反逻辑，等等。此外，试题还应该体现层级性，覆盖面要广。题目设置要循序渐进，有一定梯度。既要考查学生对具体的细节理解，也要考查学生对抽象概念的理解；既要考查学生对文章的表层意思的理解，也要考查学生对文章的深层含义的理解，包括作者的态度、意图等"弦外之音"。

综合性主要是指针对素养测评的试题应该尽量避免简单的重复性知识考查，突出对于学生思维、素养的测评。以科学思维举例，作为对事物本质及其与其他事物间关联的认知方式，科学思维需要从实际事物中理解概念、建构逻辑关系，因此，对于学生科学思维的考查就需要通过创设新的情境、开放探究空间、变换设问角度和方式、提供新的线索等方式来实现。同样以英语阅读理解试题来举例，阅读理解考查的是学生在阅读中准确捕获信息的能力，这就要求学生通过阅读短文，运用自己所学的语法、词组、短语等方面的语言知识，根据自己的理解，掌握所读材料的主旨和大意，以及用以说明主旨和大意的事实和情节，能回答短文后面所给的问题。要求学生既理解某句、某段的意义，也理解全篇的逻辑关系，并据此进行推理和判断。要求学生既能根据材料提供的信息去理解，也能结合自己应有的常识去理解。在阅读理解测试的过程中，需要学生结合所学的单词、词组、短语、语法、时态等多种知识，体现的是学生的综合语言运用素养。同时，考查点的设置应以未知信息为目标，试题所测试的应该是对文章的理解，而不是依靠常识就能正确回答的问题。

第二节　素养导向的命题目标确定

目标是行动的最终目的，是行动方案开发和行动路线设计的重要依据。命题工作以测试目标实现为根本目的，也依据测试目标逐步开展。测试目标的实现，依赖于命题目标的实现，因此，命题目标的确定是命题工作的首要步骤。

一、命题目标的来源

指向学生素养测评的试题，命题的目标是衡量学生的素养，从这个意义上说，命题目标源自命题者对素养内涵和特征的理解。

2022年，教育部印发义务教育课程方案和语文等16个学科课程标准，新修订的课程方案和标准以落实立德树人为根本任务。基于学科课程培养目标，细化学生核心素养发展要求，更新课程内容，明确学业质量标准，加大指导力度，描绘了义务教育阶段的育人蓝图，为教育评价工作的开展指明了方向。依据课程标准，深刻理解学科学业质量标准和学生素养发展要求，才能科学制定命题目标。

学业质量标准是依据核心素养发展水平与课程内容，对不同学段的学生学业成就的具体表现特征的刻画，是分级开展课程教学的依据，也是进行学业质量判断的主要依据。以《义务教育英语课程标准（2022年版）》

为例，标准依据3—4年级、5—6年级和7—9年级学生认知的发展，将九年义务教育划分为三个阶段，针对不同阶段，分三个级别，分别描述了每个级别的学生学业成就关键特征和具体表现。①借助学业质量描述的基于学习结果的学业成就典型表现，命题者可以根据不同级别的学业质量描述，明确学生在完成课程阶段性学习后的学业成就表现，进而确定命题目标。

素养导向的命题目标，需要命题者从顶层设计的视角，整体思考教材知识和能力的整体结构、各级各段学业质量描述要求，在测试对象应达到的能力水平范围内，检验测试对象的学业成就，以测评促进测试对象的素养发展。此外，命题者还需要思考如何系统性设计命题目标，试题间的联结和衔接，确保测试目标、命题目标、课程教学目标的一致性和一体化。

二、命题目标特征

素养导向的命题目标是命题活动展开的依据和指向，是命题工作的主线和灵魂，具有以下特征：

（一）明确性

命题目标应该是明确的、具体的，指向试题的测试结果的。素养导向的命题目标不能含糊不清，否则便无法有效发挥其导向作用。此外，命题目标应指向能体现素养水平的具体的行为特征，确保试题的效度。

（二）开放性

素养导向的试题命制工作不同于常规的命题工作的主要原因之一就是开放度问题。素养导向的命题目标，不能将试题命制工作框定在便于评分的桎梏中，应该依据所需测评素养的特性，具有一定的开放度和包容度，有利于学生多样化的展示。

（三）建构性

素养导向的试题需要对学生的素养水平进行测评，由于不同个体素养水平不同，试题需要包容开放。素养的个性化特征、不平衡特征，需要命题目标指向建构，包容测评对象的不同建构特点，理解测试对象的个性化

---

① 中华人民共和国教育部. 义务教育英语课程标准（2022年版）[S]. 北京: 北京师范大学出版社, 2022: 42.

建构和创造。因此，素养导向的命题目标具有建构性特征。

（四）适切性

命题工作需要结合学生的学段、年龄、学业内容展开，这意味着不同学段、年龄、学习背景的学生，在适合的题型、情境、设问上是有差异的。在命题工作中，命题者应该正视这种差异，保持命题目标的适切性，确保命题的科学合理。

第三节　素养导向的试题素材选取

素养导向的试题情境建构，对试题的命制非常重要，而情境的建构依赖于素材的选择。素材，是尚未经过人力加工的、分散的原始材料。素材选取，简称选材。素材是不能直接拿来做试题的背景材料的。素材只有经过提炼、加工，雕琢成符合测试对象认知特征的材料，才能被试题使用。素材的选取，影响试题情境的创设和试题任务设置，是命题工作的重要步骤。实践中，绝大部分教师都能意识到试题情境的重要性，也能够意识到素材选取的重要性。但是，由于他们收集素材的能力比较弱，导致没有能力通过科学的素材收集为试题情境的创设奠定基础。

一、试题素材来源

（一）教材类

教材是按照课程标准编写的，用来进行教学活动的材料。我们通常所说的教科书就是教材的一种形式，是良好的试题素材来源之一。教材中一般配有大量的图表、图片、故事等，这些都可以作为命题者编制试题的素材来源。

（二）杂志类

学科杂志是良好素材的一大来源。杂志素材的编纂需要符合科学流程，杂志文章的刊发会经过多重审核，这些都标志着杂志的权威性和科学性。利用杂志选取试题素材，可以为命题者节省大量的素材收集时间。

（三）报刊类

报刊也可以作为试题素材的来源。报刊中占版面最大的是时事。时事，顾名思义，是近期发生的大事。时事类素材具有及时、新颖、可读性强的特点，比较适合作为语文、思想政治、历史等学科的试题素材。

（四）历史类

历史事件或者史实也是试题素材的良好来源。历史类素材是人类发展长河中具有典型意义的事件，具有真实性、启发性特点。历史类素材作为试题素材，可读性强，能引发测试对象的兴趣，帮助测试对象理解任务情境，是比较好的试题素材来源。

（五）生活类

日常生活也可以作为试题素材的来源。人们每天的生活，本身就包含了知识的运用、能力的展现、价值的追寻，是测试对象再熟悉不过的。利用生活类素材作为试题的素材来源，贴近测试对象的生活环境，熟悉而亲切。生活素材直观、真实，能顺利调动测试对象原有的生活体验，激发测试对象的真实情感，从而帮助测试目标顺利达成。

除了上述的教材、报刊、历史、杂志、日常生活外，试题素材来源还有很多。虽然试题素材来源广泛，但这些来源的素材也存在一些问题。举例来说，新闻媒体上的素材，收集方便、特征鲜明、主题突出，但有时由于过度追求博取读者眼球而弱化科学性；教材中的素材，科学程度高，逻辑严密，适合测试对象阅读，但由于教材的内容更新比较缓慢，缺乏时效，难以引发测试对象的共鸣。命题者在选取素材时需要谨慎把握，通过良好的素材提升命题质量。

二、素养导向的试题素材标准

为了测评测试对象的素养水平，需要命题者在浩如烟海的素材库中选取有益于测试对象素养测评的素材并进行加工。素养导向的试题素材应符合以下选取标准：

（一）真实性

真实或者近乎真实的素材，为命题者创设贴近测试对象真实生活的试题情境提供了可能。指向素养测评的试题，需要激发测试对象的兴趣、鼓励测试对象知识、能力、立场、价值取向的展现。真实度较高的素材，能够引发测试对象的共鸣，帮助测试对象尽快进入情境角色，完成试题任务。

真实的素材，可以是贴近测试对象日常生活的素材，也可以是社会热点或者时事热点。以酒泉卫星发射基地素材为例：

作为我国四大卫星发射基地之一，酒泉卫星发射基地的地位不容撼动。酒泉卫星发射中心又称"东风航天城"，是中国科学卫星、技术试验卫星和运载火箭的发射试验基地之一，是中国创建最早、规模最大的综合型导弹、卫星发射中心，也是中国目前唯一的载人航天发射场。我们国家的航天员都是从酒泉发射场出发走向太空的。2023年5月30日，搭载神舟十六号载人飞船的长征二号F遥十六运载火箭就是在酒泉卫星发射中心发射升空的。

上述素材既是时事，也是热点，真实度极高，可以作为命题的背景材料，具体以下面的试题为例：

酒泉卫星发射基地又名"东风航天城"，是中国创建最早、规模最大的综合型导弹、卫星发射中心，也是中国目前唯一的载人航天发射场。相对于我国其他卫星发射中心，酒泉卫星发射基地的突出地理优势是（　　）

A.纬度最低　　　　　　　　B.地形隐蔽，安全性好

C.靠近首都，地理位置优越　　D.降水少，晴天多，发射窗口期长

这道试题是地理试题，从试题看，考查学生对酒泉发射中心的地理环境认知。酒泉卫星发射中心是我国四大卫星发射基地之一，其选址符合卫

星发射基地的选址条件。试题素材是真实的，对测试对象来说并不陌生，也容易引发测试对象的兴趣。

（二）价值性

素养导向的试题素材的价值性，体现在有助于试题任务情境的创设、有利于测试对象素养水平发挥和有利于测试对象正确价值观的引导上。

首先，选取的素材应该有助于素养导向的试题情境创设。素材应该与测试对象的背景关联，帮助测试对象获得真实体验，建构能够帮助测试对象"卷入"的试题情境，引导他们主动思考。以语文、英语等学科的语料素材选择为例，语料是指用于阅读命题的文章节选、片段或图表、图片等材料，在这些学科的阅读类试题的命制上，素材选取需要内容健康、有建设性，除了素材本身具备可读性外，还应该符合测试对象的阅读视角，能够帮助命题者创设科学的试题情境。

其次，素材应该有助于测试对象素养水平的发挥。测试对象由于年龄不同，认知背景、生长环境不同，对同样试题任务的理解程度和反应水平也存在差异。命题者在选取素材时，需要根据测试对象的特点选取合适的素材，确保素材的公平性，帮助测试对象建构意义、整合信息，完成结构化阅读，从而有利于测试对象真实素养水平的展示。

最后，素材应该有利于测试对象价值观的引导。教育评价理论发展到今天，人们对于评价功能的认知已经发生了巨大的变化。评价已经摆脱了单纯的诊断性功能限制，走向"以评促学""以评为学"。用评价来促进学习、以评价作为学习，成为测评专家思考的首要问题。因此，素养导向的试题素材，需要通过材料帮助测试对象扭转不健康的价值取向、向测试对象传递正确的价值观，引导测试对象正确认识世界、积极面对困难和挑战，体验有价值的人生。

素材的价值性通过材料本身的意义传递，以下面的试题为例：

"赏中华诗词，寻文化基因，品生活之美。"2017年春节期间，大型文化类竞赛节目《中国诗词大会》在中央电视台播出，成为陪伴人们欢度新春佳节的一道文化大餐。

《中国诗词大会》节目组以传承中华优秀传统文化为己任，紧紧抓住受众的中国诗词文化情结，在赛制和表现形式等方面大胆创新。比赛诗词涵盖《诗经》、楚辞、唐宋诗词、毛泽东诗词等，主要选自中小学教材，聚焦爱国、仁义、友善等主题。参赛选手来自各行各业，有学生、教师，有工人、农民、公务员，有海外华人、外国留学生。嘉宾现场点评，或分析诗词的深刻内涵，或发掘诗词的道德价值，或讲述诗词背后的历史故事。赛会设置竞猜、"飞花令"等环节，启用水舞台、大屏幕展示等舞美设计，应用新媒体互动、多屏传播等技术手段，打造出一场全民参与的诗词文化盛宴。节目的播出，引起强烈反响，总收视观众超过11亿人次，引发新一轮中国诗词热。

问：（1）《中国诗词大会》是传承中华优秀传统文化的成功案例，运用文化生活知识说明其成功的原因。

（2）结合材料，运用社会历史主体的知识说明在传承发展中华优秀传统文化中如何坚持以人民为中心。

（3）请就学校如何开展中华优秀传统文化教育提两条建议。

这道题是2017年的高考政治学科试题。试题以《中国诗词大会》为试题素材背景，考查测试对象的理解能力、分析能力和应用能力。

中国诗词大会的成功举办，引发了全民热议，节目向全世界展现了中华传统文化的博大精深，引导全社会自然地、自发地体会传统文化中的温暖和情意，领略中华民族的文化力量。试题情境以人们喜闻乐见的电视节目为线索，不仅向测试对象完整传达了任务情境，也让测试对象通过对试题素材的阅读，回味节目所带来的文字的巨大力量，对于测试对象来说，不仅是测试任务，更是价值观的引导。

（三）拓展性

素养导向的试题素材，应具有拓展性。素材的拓展性，意味着素材的选择，从课堂内的教材转移到课堂外的生活，从学校拓展到社会，利用试题为测试对象呈现一个丰富的世界，帮助测试对象在解决问题的过程中完成自身的认知拓展。以2019年的一道初中英语试题素材为例：

If you look at the top of your phone, you'll usually see a little symbol that says 3G or 4G. The "G" stands for the "generation" of your mobile network. But these symbols will become things of the past after 5G fully arrives.

On March 30th 2019, Shanghai vice-mayor Wu Qing made the first 5G video call on a Huawei Mate X smartphone, CGTN reported. Shanghai has also become the first city in China to start testing 5G networks.

Now, 4G takes about 100 to 200 milliseconds（毫秒）to send and receive data（数据）. But 5G will get it down to 1 millisecond or less. This big change will not only make our mobile internet faster, it can be used in many other ways as well.

For example, 5G will help to make self-driving cars safer, today's self-driving test cars have one problem—lag. When the car "sees" an obstacle（障碍物）, it sends this information to a data center and receives instructions. However, it takes time to send and receive this information. With this kind of lag, the cars might crash（撞击）because they don't receive instructions in time. With 5G, this lag will be greatly lowered, making the cars safer, according to CNN.

5G could also be used to power the internet of things (IOT). This refers to a large online network that connects all things and people. Fast internet speeds will be the key to developing this technology. For example, with IOT under 5G, your refrigerator could automatically（自动地）place an order online for eggs when it finds that there are no eggs left inside.

All in all, 5G will shape every type of technology that it touches. And you won't have to wait too long for that to happen.

译文：

如果你看手机顶部，你通常会看到一个小符号，上面写着3G或4G。"G"代表移动网络的"一代"。但在5G时代全面到来后，这些符号将成为过去。

根据CGTN的报道，2019年3月30日，上海市副市长吴清在华为Mate X智能手机上进行了第一次5G视频通话。上海也成为中国第一个开始测试5G网络的城市。

现在，4G发送和接收数据大约需要100到200毫秒。但5G将把发送和接收数据的时间降低到1毫秒或更短。这个巨大的变化不仅会让我们的移动互联网速度更快，它也可以用于许多其他场景。

例如，5G将有助于使自动驾驶汽车更加安全。今天的自动驾驶测试车有一个问题——滞后。当汽车"看到"障碍物时，它将该信息发送到数据中心并接收指令。但是，发送和接收这些信息需要时间。由于这种滞后，汽车可能会因为没有及时收到指令而撞车。据美国有线电视新闻网报道，有了5G，这种滞后将大大降低，使自动驾驶汽车更加安全。

5G也可以用来为物联网（IOT）供电。物联网是指连接所有事物和人的大型在线网络。快速的网速将是开发这项技术的关键。例如，5G下的物联网，你的冰箱可以实现自动化，当它发现里面没有鸡蛋时，就在网上订购鸡蛋。

总而言之，5G将塑造它所涉及的每一种技术。你不必等太久就可以实现。

分析：今天看来，这个关于5G技术的素材早已过时，但在2019年，5G网络是一个关注度非常高的话题，正是热点中的热点。素材对于5G的描述符合对初中阶段学生的阅读要求，语篇逻辑线索清晰，话题具有一定的开放度，为测试对象呈现出一个丰富的外部世界。素材可读性强，让测试对象在阅读中获取许多新的知识。

（四）融合性

新时代提倡教育的"五育融合"，提倡培养德智体美劳全面发展的人。素养导向的试题素材，也应该符合融合性要求。所谓素材的融合性，指的是素材内容不再限定在学科内部，素材可以是跨学科的、融合的。融合性素材相比学科素材来说，更方便命题者搜寻，但是，融合性素材对于学科命题者来说，也相对较难把握。融合性素材能够帮助测试对象打破学科认知壁垒，为测试对象呈现一个多元的、开放的、融合的世界。以一道语文学科试题的素材为例：

蚕

春回大地，万物复苏，有一种昆虫也开启了生命的历程。

蚕的一生

蚕的一个生命周期大约是60~80天。它的一生要经历卵、幼虫、蛹、成虫4个阶段。蚕卵像芝麻般大小，经过半个月孵化为一龄幼虫。

一龄幼虫很小，像蚂蚁一样，也叫蚁蚕。从二龄幼虫开始，蚕的食量明显增加，四、五龄幼虫的食量最大，体重也快速增加，可以达到蚁蚕的八九千倍。蚕的幼虫期一共要蜕4次皮。每次蜕皮前，蚕都不吃不动，像睡着了一样，但它的体内却在进行着非常剧烈的生理活动。在短短的一天内，它要形成新皮，蜕去旧皮，让身体长大，从而进入下一个龄期。五龄幼虫继续长大一段时间后，就不再吃桑叶了，它会找一个地方开始吐丝结茧，为自己建造一个厚实安全的"小屋"，然后在"小屋"中化蛹。再经过大约两个星期，蛹羽化为蚕蛾，即成虫。蚕蛾破茧而出后开始求偶交配，雄蛾交配完成之后就死去，而雌蛾要等到产卵以后才算完成使命，力尽而亡。

蚕的自我保护

蚕在野外的桑树上生活，随时会面临恶劣的环境和天敌的围追堵截。蚕的一生中最脆弱的时期就是刚孵化的蚁蚕期和没有行动能力的蛹期，那么蚕是怎么保护自己的呢？

蚁蚕非常柔弱，甚至连吃和爬动的力气都没有，更没有能力保护自己。聪明的它们就模仿蚂蚁的样子，招呼同伴，密密麻麻地聚集在一起，让天敌误以为它们是蚂蚁。我们都知道，蚂蚁是攻击性很强的社会性昆虫，喜欢集体行动，敢惹它们的动物不是很多，所以很多小昆虫都模仿它们，这些昆虫被称为"拟蚁昆虫"，蚁蚕就是其中的一种。

蚕结茧是为了给自己营造安全的空间，可以不被打扰地在里面化蛹和羽化。在化蛹和羽化的过程中，蚕如果被外界打扰，它们的生命进程就会停止，要么无法化蛹，要么无法羽化。

一生只吐一根丝

蚕吐丝可是一个力气活。吐丝时，蚕的头部会不停地摆动，呈"S"形或"8"字形，在自己的四周不断拉出丝线。像这样不吃不喝连续摆动两三天、摇摆30多万次之后，所吐之丝就把自己严严实实地裹住了。蚕一次吐出的丝长达一两千米，有的甚至达到了三千米。令人惊叹的是，这是一根不间断的细丝，而且这根细丝是由几百根更细的细丝扭合而成的，因此十分坚韧牢固。这样的蚕丝制成的丝绸非常轻薄飘逸，因此就有了"罗衣飘蝉翼""风过动罗纨"这样的诗句。

蚕的食谱

蚕最喜欢吃的食物就是桑叶。蚕的嗅觉很发达，能准确地嗅到桑叶发出的类似薄荷的味道。不过，蚕的食谱并不只是桑叶，榆树叶、无花果叶、蒲公英叶等都能成为它的食物，只是它更偏爱桑叶罢了。但自然界的桑叶并不是一年四季都有，所以人工饲料就成了实现工厂化高效生产优质蚕茧的关键。近年来，科研人员研发出了能替代桑叶的人工饲料，蚕的食谱也就更加丰富了。

（选自《百科知识》，有删改）

分析：这是大连市2022年一道中考语文试题的素材。这篇素材的主题是一种动物——蚕，选自《百科知识》，文章笔调活泼，读起来很像小故事，以它作为测评语料，除了能让测试对象感受其中的趣味外，更能引导测试对象理解：只有在细致观察努力探究的基础上，才能真实了解蚕的习性与成长规律，小昆虫其实蕴含着大世界。素材有助于激发学生对自然与社会的探索兴趣，体会科学精神。这篇素材融合了生物学科的知识，描述了蚕劳作的辛勤，以小见大，语言细腻真挚，适合作为初中学生的试题素材。

第四节　素养导向的试题情境创设

试题情境是试题的重要环境载体，是试题的重要组成部分。试题情境的设计质量，反映了命题者的命题能力和艺术水准。试题的情境分类方式很多，依据不同的表述方式，可以将情境分为抽象情境和具体情境两种。所谓抽象情境，是指情境的描述借助抽象符号实现，这种情境通常出现在理科试题中，如几何学科使用点、线、面表述的情境；所谓具体情境，是利用事物、实物或者文字描述等表述的情境，文科试题中较为多见。除了上述情境的划分，依据范畴的不同，还可以将情境分为学科认知情境、个人体验情境和社会情境。①

一、素养导向的试题情境创设价值

试题情境对试题的科学表达至关重要。试题情境的创设，对于试题命制意义重大。

（一）提高试题效度

试题效度即试题有效性，是衡量试题质量的重要指标。大量研究证实，试题情境的创设与试题测试功能的实现密切相关，试题情境的科学性事关试题效度，不容忽视。科学的试题情境，有助于测试对象明确任务指向、顺利进入任务环境、代入任务角色，帮助测试对象准确理解试题的测量目标并做出恰当反应。

（二）提升学生认知

素养导向的试题情境具有真实性、建构性等特征，科学的、公平的试题情境有助于测试对象透过试题的背景材料，获取新知。为提升试题的测

---

① 於胜成，胡向东. 高考语文情境化试题设计理论与实践刍议[J]. 中国考试，2022（10）：47—53.

评效度，试题应尽量选择全新的情境和素材，以保证试题对所有测试对象都公平，而这种新情境也为测试对象通过试题学习新知提供了可能，使测试不仅具备诊断学业成就的功能，而且可以将评价融于学习，促进测试对象的素养发展。

二、素养导向的试题情境创设逻辑

不同的试题情境对命题的贡献度不同，良好的试题情境，有助于测试对象理解试题任务，有利于其素养水平的发挥。指向素养的试题情境，创设上需要遵循以下逻辑：

（一）真实性逻辑

试题情境的创设首先要遵循真实性逻辑。所谓真实性，是指试题的情境合乎现实生活，是近乎真实的存在。在试题情境创设的过程中，可能为了确保试题任务明确，有很多情境是假想出来的，或者是对现实生活的精简化或复杂化，但即使是假想出的情境，也需要是现实生活中可能出现的或可以出现的。情境创设的真实性逻辑要求命题者借助真实生活情境的设计帮助试题达成对测试对象素养的测评，确保测试对象的素养水平与真实生活中的一致性，提高测试的外推效度。以下面的试题为例：

某辆汽车正以10m/s的速度匀速行驶，突然发现正前方有一辆自行车以4m/s的速度也在匀速向前行驶，汽车立即刹车，刹车后，汽车做匀减速运动，加速度大小6m/s，若要避免事故发生，则刹车前汽车离自行车的距离至少为多少？

这道试题的测试情境是比较丰富的，能引发学生的探究兴趣，文字描述符合学生的习惯，乍一看似乎没有问题。但实际上，现实中并没有匀速运动的汽车，这种情况不符合实际，换句话说，这道题创设的情境缺乏真实性。这种试题情境真实度的问题，在命题工作中是比较常见的。如果以是否影响测试对象作答作为试题质量的判断标准，试题是没问题的，但是，这种不真实的情境会对测试对象的认知产生不良影响，这种影响不在试题本身，甚至不在学科内部，这种不良影响有可能冲击测试对象的生活常识认知，这种后果是命题者不能承担的。综上，素养导向的试题情境创设需要充分考虑情境的真实性，通过真实情境的创设，帮助测试对象正确理解试题任务，引导测试对象对生活正确认知。

（二）新颖性逻辑

新颖是相对老套而言的。素养导向的试题情境，需要是"新"的情境，也就是说，指向素养的试题情境，应该是摆脱了老旧的试题情境的新背景，应体现时代特征。试题情境的创新，是为了防止学生因为"见过"而利用记忆作答，是为了有助于引导学生将自身已有的知识、经验、技能，应用于新的情况，从而科学测评学生的素养状况。

新颖性逻辑，是引导学生用"旧有"的能力解决新任务、新问题。以下面的试题为例：

古希腊时期，人们认为最美人体的头顶至肚脐的长度与肚脐至足底的长度之比是 $\frac{\sqrt{5}-1}{2}$（$\frac{\sqrt{5}-1}{2}\approx 0.618$，称为黄金分割比例），著名的"断臂维纳斯"便是如此。此外，最美人体的头顶至咽喉的长度与咽喉至肚脐的长度之比也是 $\frac{\sqrt{5}-1}{2}$，若某人满足上述两个黄金分割比例，且腿长为105cm，头顶至脖子下端的长度为26cm，则其身高可能是（　　　）

A.165cm　　　B.175cm　　　C.185cm　　　D.190cm

这是2019年的全国高考试题，考查学生运算和逻辑推理的素养。黄金分割比例是学生非常熟悉的知识，估算能力也是学生的基本能力，但将之放入新的情境中，则有利于学生真实解决问题能力的考查。

（三）适切性逻辑

适切性，是指试题的情境创设需要考虑测试对象的年龄特点和生活背景特征，不要设计超出测试对象认知范畴的情境。测试情境要符合学生

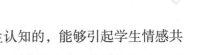

年龄特征，也就是说，试题情境是符合学生认知的，能够引起学生情感共鸣的，情境是尽可能贴近学生的现实生活的。超出测试对象认知范畴的情境，即使真实，也会造成不可估量的阅读障碍，导致试题效度大大下降。

适切性问题在试题中非常常见，有时命题者很难察觉，应格外注意。以下面的试题为例：

自古以来，蔚蓝的大海就是文人墨客倾洒文思的地方，古有白居易"海水无风时，波涛安悠悠"，今有海子的"面朝大海，春暖花开"。神秘碧蓝的大海，奔腾着洁白的浪花，在我们心中留下了属于它独有的印记。

请以"大海"为题，写一篇作文，文体不限。

这道语文作文试题，话题是"海"，试题情境是对大海的描述，从语言文字的描述上来说，不可谓不美。然而，即使描述的语言再细腻逼真、丰富有趣，对于生活在内陆地区、可能有生以来根本没见过大海的测试对象来说，就是不合适的。这种情境上的不适切，可能在很大程度上妨碍测试对象素养水平的正常发挥。

（四）精准性逻辑

精准性逻辑，是针对试题情境的表述而言的。不论文科试题还是理科试题，情境的描述都是通过文字、符号、图表等呈现的，命题者应确保情境描述具体、明确，确保情境对试题任务精准阐释。要求试题情境的精准性，是因为测试对象对试题任务要求的反应是建立在对试题的正确理解基础上的，如果情境不够精准，有可能妨碍测试对象对试题的理解，造成不必要的认知偏差，影响试题的效度。以下面的试题为例：

阅读下面的材料，根据要求写作。（60分）

"本手、妙手、俗手"是围棋的三个术语。本手是指合乎棋理的正规下法；妙手是指出人意料的精妙下法；俗手是指貌似合理，而从全局看通常会受损的下法。对于初学者而言，应该从本手开始，本手的功夫扎实了，棋力才会提高。一些初学者热衷于追求妙手，而忽视更为常用的本手。本手是基础，妙手是创造。一般来说，对本手理解深刻，才可能出现妙手；否则，难免下出俗手，水平也不易提升。

以上材料对我们颇具启示意义。请结合材料写一篇文章，体现你的感悟与思考。

要求：选准角度，确定立意，明确文体，自拟标题；不要套作，不得抄袭；不得泄露个人信息；不少于800字。

这道试题是2022年全国新高考语文学科Ⅰ卷的作文题，考查学生语言运用和创造能力。由于围棋中的"本手""熟手"和"妙手"并非学生日常生活中的常见词汇，有可能导致学生的理解困难。为避免学生理解上的偏差，试题对这三个术语进行了说明。借助文字说明，所有的学生都理解了试题情境和任务，有利于学生素养的测评，也有利于保证测试的公平性。

（五）建构性逻辑

素养导向的试题情境，需要指向测试对象的个性化建构。以情境为媒介，引导测试对象通过自身的个性化建构完成高层级素养水平的展示，确保测试目标的达成。情境的建构性，要求命题者在试题情境的设计上，以帮助测试对象理解与适应为目的、以提高测试对象与试题文本的互动为指向，打造适合测试对象的试题环境，提高试题效度。以下面的试题为例：

材料一：

搞好调查研究，一定要从群众中来、到群众中去，广泛听取群众意见。人民群众的社会实践，是获得正确认识的源泉，也是检验和深化我们认识的根本所在。调查研究成果的质量如何，形成的意见正确与否，最终都要由人民群众的实践来检验。毛泽东同志1930年在寻乌县调查时，直接与各界群众开调查会，掌握了大量第一手材料，诸如该县各类物产的产量、价格，县城各业人员数量、比例，各商铺经营品种、收入，各地农民分了多少土地、收入怎样，各类人群的政治态度，等等，都弄得一清二楚。这种深入、唯实的作风值得我们学习。领导干部进行调查研究，要放下架子、扑下身子，深入田间地头和厂矿车间，同群众一起讨论问题，倾听他们的呼声，体察他们的情绪，感受他们的疾苦，总结他们的经验，吸取他们的智慧。既要听群众的顺耳话，也要听群众的逆耳言；既要让群众反映情况，也要请群众提出意见。尤其对群众最盼、最急、最忧、最怨的问题更要主动调研，抓住不放。这样才能真正听到实话、察到实情、获得真知、收到实效。

调查研究必须坚持实事求是的原则，树立求真务实的作风，具有追求真理、修正错误的勇气。现在有的干部善于察言观色，准备了几个口袋，揣摩上面或领导的意图来提供材料。很显然，这样的调查是看不到实情、得不到真知、做不出正确结论的。调查研究一定要从客观实际出发，不能带着事先定的调子下去，而要坚持结论产生在调查研究之后，建立在科学论证的基础上。对调查了解到的真实情况和各种问题，要坚持有一是一、有二是二，既报喜又报忧，不唯书、不唯上、只唯实。

（摘自习近平《谈谈调查研究》）

材料二：

社会科学并不拥有像自然科学一模一样的实验室，那是没有人能否认的。但是，如果说社会科学研究者并不能控制他所要观察的现象，那也并不完全正确。其实不过是控制的技术问题，而不是能不能控制的问题。

在物理实验里用斜面滚球来实验引力，斜板这实验因子并不影响所要观察的引力现象，因为实验者在计算球动的速率中会考虑到这斜板的因子——换一句话，所谓实验并不是孤立现象，而是把所有发生作用的因子都加以充分考虑的意思。

观察社会现象时，如果我们能确知观察情境各种因子对于被观察现象所起的作用，我们同样可以达到自然科学的实验中所具备的条件。在技术上，观察社会现象比观察自然现象更为困难。社会现象并不限于人的动作，而且包括人的动机；动机又受着人所接受的那一套认为应当如是的规律支配，这套规律是社会所共有的，而且是在时间里累积下来的——这是人的生活适用于他所处的具体环境的方法，是在人和物的接触中，在动作里，给人的满足与否的结果里，选择和淘汰出来的，而且也永远在变动之中——在这里我们可以见到社会现象有着不能分的两部分：一部分我们可以在体外看得到的，另一部分在体外是看不到的。这第二部分必须由经验者本人用语言表达出来，才能使旁观的人明白。观察社会现象的困难常发生在第二部分。

谈到这里，我愿意提出最重要的问题来了。那就是社会现象的研究工作中观察者必须和被观察者取得充分合作。合作还不够，必须不分观察者和被观察者而大家一同来分析大家的经验。

我在上边已说到科学的观察必须充分确认现象发生的情境，考虑到一切会影响现象的因子。这是实验的真正意义。观察社会现象时，因为语言材料的重要，最容易影响叙述现象正确性的是调查者和所要观察的现象的人事关系。有些不肯正视这关系的学者，只提出一个"客观"的空洞概念。但是"客观"是什么意思呢？是指对观察的现象没有兴趣，或是没有关系么？这是不可能的。

一个人去观察一个现象必然是有兴趣的。你自己可以不问这问题，可是被观察的人是不会不问这问题的。你不能不和这些人接触，谈话，问问题。这些人必然要问："这人为什么要来问我们呢？"——这问题问得对的，因为一切调查的结果必然会影响到被调查者的生活的，不论是好是坏。你说"客观"，人家不能承认，而且人家是对的，因为实际受到影响的是他们，他们不能不防。于是调查者逢着"秘密"和"撒谎"了。其实被调查者的"秘密"和"撒谎"是调查者的"秘密"和"撒谎"的反映。人事很像镜子，你对别人的态度反射成了别人对你的态度。

科学的社会研究第一是要认清自己的立场和目的。如果你是想去"敲诈"被调查的人，那么你绝不会得到可靠的材料。天下没有不知道自卫的人，社会科学绝不能从"斗智"的方法上得来。换一句话说，社会研究必须站在被调查者的利益上，你如果要研究乡村，你必须同情农民，为他们服务，你的研究结果必须是有利于农民的，不但你存心是如此，而且你要用事实来证明，使农民相信你。正像一个医生对一个病人，病人没有理由去欺骗医生，正因为欺骗的结果是自己受害。

一个研究的人是站在"不知"的地位，被问的是站在"已知"的地位。前者对后者是"学习"而不是"拷问"，态度上应当是"尊重对方""执疑待决"，这种态度必然会得到对方的尊重和友谊，因而乐于帮助你。

（摘编自费孝通《亦谈社会调查》）

材料一和材料二都谈到调查研究中的"客观"，请结合材料谈谈你的认识。

这道题是2023年高考语文新课标Ⅱ卷中的一道简答题。试题情境以文字材料展示，主题都是研究（调查研究、社会科学研究），情境内容非常丰富，两段材料主题集中、导向鲜明，具有很高的阅读性。从情境创设看，能够帮助测试对象加深对研究的理解并建构自己的观点，设问精简有力，能够引导测试对象反思自身的研究价值取向。

除了以上的创设逻辑外，在指向素养的试题情境创设方面，命题者需要考虑情境的明确性，以便确保试题没有歧义。所谓歧义，指测试对象对同一情境产生不同的理解，这里可以分为两种情况，一种是测试对象本身的思维问题造成的理解偏差，另一种是由于试题情境创设或叙述逻辑问题造成的多种理解。歧义可能造成测试对象的理解障碍，影响测试的效度。以下面的试题为例：

小李家离学校125米，小王家离学校175米，小李家与小王家之间相距多少米？

这是一道比较常见的数学计算试题，考查测试对象的运算能力。由于情境设置的问题，造成不同测试对象的理解不同，导致这道题有三个可能答案。第一种，小李家、小王家和学校都在一条直线上，并且都在学校的一侧，则两家相距175–125=50（米）；第二种，小李家、小王家和学校都在一条直线上，并且分散在学校的两侧，则两家相距125+175=300（米）；第三种，小李家、小王家和学校都不在一条直线上，则两家的距离大于50米，而小于300米。由于试题情境中并未对小李与小王家的位置方向做出明确描述，导致测试对象的理解发散出三种可能性，影响后续的试题评分。当然，如果这道试题本身的测试目标不仅仅是测试对象的运算能力，还有测试对象的分析、论证以及建构能力的话，试题的情境就没有问题了。

综上所述，素养的测试需要创设情境，但并非所有情境都有助于素养的测评。科学的试题情境，能够帮助测试对象更好地理解试题任务，反之，可能成为测试对象的理解障碍。命题者应精心设计，打造真实、精准、建构的试题情境，确保试题情境的有效性。

第五节　素养导向的试题任务设计

任务设计是试题命制工作的核心，是命题的关键。任务设计指向素养、利于素养测评，符合新时代高素质人才的培养需求，也有助国家的人才选拔。

2022年，新版义务教育课程标准颁布，相较于以往的课程标准，新版义务教育课程标准完成了培养目标的完善、课程设计的优化和实施要求的细化。注重幼小衔接，依据小学到初中学生在认知、情感、社会性等方面的发展变化调整课程的深度、广度，依据高中阶段学生特点和学科特点调整教学。

新版义务教育课程标准明确描述了不同阶段不同等级学生应达成的学业质量水平，对学业成就评价提出了科学建议。"教、学、评一体化""素养立意""过程性评价"等教育评价词汇涌入人们视野，体现了国家重视高素质人才培养和选拔的决心。

以《义务教育语文课程标准（2022年版）》为例。《义务教育语文课程标准（2022年版）》明确提出，命题原则上"坚持素养立意。以核心素养为考查目标，通过识字与写字、阅读与鉴赏、表达与交流、梳理与探究等语文实践活动，全面考查学生核心素养的发展水平"[①]。标准中对于命题工作的素养导向进行了说明，提出了明确的建议。将素养立意作为学业水平考试命题的原则，是国家利用教育评价"指挥棒"扭转不健康、不科学、短视化、功利化教育评价观念和问题的重要抓手，是对新时代高素质人才培养的必然回应。因此，以素养为导向的试题任务设计，是对新版课程标准评价理念的呼应与践行，是以命题评价"指挥棒"，深入推进育人方式变革，以评促学、以评促教、以评为学的重要举措。

一、素养导向的试题任务的清晰度

任务的清晰度，指的是素养导向的试题任务需要明确、具体，不能模糊不清、模棱两可，应确保测试对象理解任务的具体要求和指向。试题命制过程中，任务的表述通常是通过文字、符号、图表等进行的，不论通过何种方式表述任务，呈现出来的效果都需要有利于学生的理解。如果是用文字表述任务，表述上应该具有清晰的逻辑线索，如果是用图表或符号表述任务，图表或符号间应该有明确清晰的逻辑关系。以下面的试题为例：

某校为了解学生对午餐质量的满意情况，随机抽取部分学生进行调查（该校学生中午全部在食堂就餐），每名学生都只在"非常满意""基本满意""不太满意""不满意"这四个选项中选出一项，以下是根据调查结果绘制的统计图表的一部分。

类别	A	B	C	D
满意情况	非常满意	基本满意	不太满意	不满意
人数	44	28	m	2

① 中华人民共和国教育部. 义务教育语文课程标准（2022年版）[S]. 北京: 北京师范大学出版社, 2022: 49.

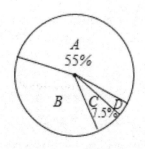

根据以上信息，解答下列问题：

（1）被调查的学生中，对学校午餐质量"非常满意"的有_____人，"不太满意"的占被调查学生总数的百分比为_____%；

（2）本次调查的学生数为_____人，统计表中m的值为_____；

（3）在统计图中，D类所对应扇形的圆心角的度数为_____；

（4）该校共有1100名学生，根据调查结果，估计该校学生对学校午餐质量"基本满意"的学生数。

分析：这是一道大连市2022年的中考数学试题，以学校午餐为背景，给学生设定了非常熟悉的生活话题，贴近学生生活，符合学生情感需求，试题采用文字、图表和图示的表述形式，符合测试对象的认知习惯，直观性较强。试题任务指向明确，任务与试题情境高度融合，浑然一体，有利于学生素养的测评。

二、素养导向的试题任务指向的明确性

任务指向，指的是命题者期待试题达成的结果，任务指向明确，是指这种期待达成的任务结果能够被测试对象明确获知。与客观性试题一样，主观性试题在设计任务时需要以测试目标为指引，以测试目的的达成为己任。若想要达成测试目标，就需要通过情境确保任务清晰明确地传达给测试对象。换句话说，测试对象能否准确获取关于任务的信息，是影响其素养水平发挥的关键性因素，很大程度上决定了试题的有效性。任务指向明确，需要命题者在试题命制前策划好试题的测量内容和测量行为，通过严

谨、细致的逻辑将二者落实在试题情境和任务的创设上，唯有如此，才有可能命制出高质量的试题。以下面的试题为例：

材料一【筚路蓝缕 破茧成蝶】

独立自主是中华民族精神之魂。新中国成立之初，在建的南京长江大桥突然遭遇国外钢材断供。面对桥梁钢关键技术领域的"卡脖子"问题，周恩来指示要炼出我们自己的"争气钢"，并将自主研发桥梁钢的任务交给鞍钢。为了啃下这块"硬骨头"，鞍钢集结全厂力量开展技术攻关。技术人员根据钢材用途的特殊要求，研究并确定桥梁钢的强度、韧性等各项参数，以及碳、锰等元素不同占比对钢材性能的影响。研究表明，一定含量的碳和锰能够提高钢材的强度和硬度，但当它们的含量超过一定比例时，会带来钢材塑性、韧性等性能不同程度的下降。技术人员经过不断对比、调整，确定钢材的屈服强度、化学成分及配比。与此同时，他们对生产环节也进行了技术改造，结合一线工人的实践，通过大量实验、反复测试，发现问题、总结经验，解决了一个又一个技术难题，取得了研发的成功。工人们日夜奋战，在短时间内生产出了"争气钢"，满足了南京长江大桥建设的需要，填补了我国建设大跨度桥渠钢种的空白。

材料二【踔厉前行 奋楫扬帆】

自1995年始，鞍钢开启大规模技术改造，引进国内外先进技术和设备，整体工艺装备和技术研发水平得到大幅度提高，也提升了产品质量和档次。2001年以来，鞍钢先后中标多个受人瞩目的重大桥梁工程，其中作为世界最长跨海大桥的港珠澳大桥使用鞍钢桥梁钢总量达17万吨。在2005年至2006年国内桥梁钢招标总量中，鞍钢桥梁钢已占54.5%，鞍钢用"钢筋铁骨"撑起中国桥梁的半壁江山。鞍钢在不断的发展中走向国际市场，一方面，与国内外企业和研究机构、大学联合研制更高性能的桥梁钢；另一方面，凭借技术和成本优势，中标欧美、非洲、亚洲等多项国外桥梁工程，实现了多点开花。

问：（1）结合材料一，运用哲学知识阐述鞍钢人在桥梁钢研发生产过程中发挥的主体作用。

（2）结合材料一，说明技术人员在桥梁钢研发过程中是如何运用分析与综合的辩证思维方法的。

（3）结合材料，运用经济与社会、当代国际政治与经济知识，分析鞍钢桥梁钢逐步融入全球市场的过程。

（4）"争气钢"的故事极大鼓舞了同学们。某高中决定举办"辽宁自主创新辉煌成就图片展"。结合材料和以下展板，运用文化知识，为该展览撰写前言。要求：主题鲜明，表述清晰，逻辑严谨，字数150—200字。

分析：这道试题是2023年辽宁省高考政治学科试题。试题以鞍钢人在桥梁钢研发生产过程中的不懈奋斗、勇往直前为背景，考查测试对象利用所学的哲学、新发展理念、独立自主、自力更生与对外开放、分析与综合辩证思维方法等相关知识描述与阐述事物，论证与探究问题的能力。试题文字材料逻辑清晰、任务指向明确、层层递进，既拓展了测试对象的认知，又考查了测试对象的素养水平。

三、素养导向的试题任务的建构性

指向建构是测评素养的重要标志，对测试对象素养的考查，涵盖了测试对象多年累积的知识、技能、思维、态度，是综合性考查，也是建构性考查。任务的建构性首先体现在任务的要求上，素养导向的试题任务本身，在设计上需要命题者有一定的包容观和开放度，命题者应该有意识地为测试对象设计建构性任务环境，引导测试对象通过任务的达成进一步完善和深化自身的意义建构。此外，任务的建构性还体现在任务的结果上，素养导向的试题任务，不需要测试对象必须得出统一的结论，而应鼓励测试对象充分发挥其素养水平，建构多种意义。素养导向的试题任务，应该脱离固有的知识测试的碎片化特征，以顶层设计建构整体性、结构化测试，达成对学生认知、探究能力和态度、立场、价值观的考查。

以下面的试题为例：

春节期间，选择一个主题进行逐日统计，然后绘制成能反映其特点的统计图。

分析：这是一道数学试题，考查测试对象的应用能力。试题的任务是要求测试对象依据主题统计数据并绘制统计图。从试题看，所提供的信息并不多，任务的开放程度比较高。这道试题，测试对象在作答上拥有比较大的可选择范围，例如，统计春节期间家庭各成员开支情况，绘成复式条形统计图；统计假日自己晚上睡觉时间，绘成单式折线统计图；统计假日里每天阅读课外书籍时间，绘成单式条形统计图。选择什么主题、绘制什么统计图，完全取决于测试对象的选择，而这个选择，依赖于测试对象自身的认知、技能、立场和对试题的理解。

四、素养导向的试题任务的公平性

素养导向的试题任务应该是公平的，这就要求试题任务符合测试对象的年龄特征和学习经验，契合测试对象的认知特征和思维方式，任务情境和任务指向对所有测试对象公平。任务对于测试对象素养的考查是合理的，任务对于测试对象具有启发性，不存在人为刻意拔高或者制造障碍。

以下面的试题为例：

如图是祺嫔废为庶人后在紫禁城被追杀的场景。根据图片可知，此时（   ）

A.鄱阳湖迎来枯水期 B.青藏高原雪山的积雪线下降

C.南方油菜花迎来开花期 D.黄河侵蚀能力增强

分析：这道题是一道地理试题，试题背景选用的是电视剧《甄嬛传》中祺嫔废为庶人后在紫禁城被追杀的内容。问题在于，测试对象并不一定都看过《甄嬛传》，对于《甄嬛传》发生的历史年代、地理位置并不一定都知晓，换句话说，了解《甄嬛传》的测试对象能够顺利作答，而不了解《甄嬛传》的测试对象则会感觉无从下手、不知所措。总之，试题任务的公平性，是确保试题效度的重要因素，是命题者在命题工作中时刻需要考虑的重要问题。

五、素养导向的试题任务的导向性

命题者应该意识到，测试对象完成任务的过程，不仅是他们完成挑战的过程，也不仅是他们探索、解决问题的过程，更应该是他们展示自身知识水平、解决问题能力、态度与立场的过程。素养导向的试题任务，应具备引导测试对象自我认知、自我建构、自我提升和拓展的功能，应借助任务完成对测试对象的价值观的引导。

以下面的试题为例：

话说的好多，多喝奶茶，才有才华。对女生来说喝8杯水很难，但是喝8杯奶茶，只需要一句我请你。当我们喝奶茶的时候，用力吸吸管中的空气，吸管中的气压_____（选填"增大""减小"或"不变"），奶茶在_____的作用下由吸管吸入口中。

分析：这是一道物理试题，考查测试对象能否将大气压知识用于对生活中现象的解释。试题任务不难，但导向性值得商榷。奶茶这种常见饮品，近年来屡屡被曝出质量问题和对人体的健康伤害问题，这种任务情境，对于测试对象的引导不太正面。此外，对于试题任务的完成，奶茶虽然只是媒介和背景，但无效叙述所占比例较大，对于测试对象来说，增加了不必要的阅读压力。

本章小结

素养导向的试题命制工作，不同于常规试题命制的一般性原则和流程，需要在试题命制工作中体现素养导向，这需要命题者掌握利用试题对测试对象素养进行测评的基本理念和原则，在命题中落实素养立意的要求。

素养导向的命题指导原则：第一，整体设计原则。命题者在命制试卷时对试卷应该发挥的评价功能有明确的认知，应该清楚知道如何达到最优的结果，应该在头脑中清晰勾勒出试卷每个部分的功效并绘制出命题蓝图。对命题的整体设计能够帮助命题者对试题组成的试卷有清晰明确的整体性认知，帮助命题者在选择试题情境或者背景时做出科学的判断和取舍，整体设计原则包括一致性和一体化两个子原则；第二，情境设计原则。试题情境设计上，应遵循真实性、任务性原则；第三，指向建构原则。指向建构的命题原则，是希望试题的命制以考查学生的真实素养水平为指向，以调动学生综合调用其已有的知识经验和能力为目标，鼓励学生超越知识记忆的局限，打破固有僵化的解题模式，自我革新，在问题解决的过程中，建构新的意义。指向建构的命题原则，包含试题的测试目标指向建构和试题情境及任务指向建构两个方面；第四，突出核心原则。素养导向的命题核心，包含命题的内容突出复杂的、需要持久理解的核心内容；命题情境的创设应该突出核心情境，弱化边缘情境；试题应该体现内容、难度适切性和任务的综合性三方面含义。

素养导向的命题目标确定。目标是行动的最终目的，是行动方案开发和行动路线设计的重要依据。命题工作以测试目标实现为根本目的，也依据测试目标逐步开展。测试目标的实现，依赖于命题目标的实现，因此，命题目标的确定是命题工作的首要步骤。素养导向的命题目标应具备明确性、开放性、建构性和适切性特征。

素养导向的试题素材选取。素材，是尚未经过人为加工的、分散的原始材料。素材选取，简称选材。素材是不能直接拿来做试题的背景材料的。素材只有经过提炼、加工，雕琢成符合测试对象认知特征的材料，才能被试题使用。素材的选取，影响试题情境的创设和试题任务设置，是命题工作的重要步骤。试题素材来源包括教材类、杂志类、报刊类、历史类、生活类等。素养导向的试题素材选取，应符合真实性、价值性、拓展性、融合性标准。

素养导向的试题情境创设。试题情境是试题的重要环境载体，是试题的重要组成部分。试题情境的设计质量，反映了命题者的命题能力和艺术水准。素养导向的试题情境创设，具有提高试题效度、提升学生认知的价值。素养导向的试题情境创设，应遵循真实性、新颖性、适切性、精准性、建构性、明确性等逻辑，确保试题情境的有效性。

素养导向的试题任务设计。任务设计是试题命制工作的核心，是命题的关键。任务设计指向素养、利于素养测评，符合新时代高素质人才的培养需求，也有助国家的人才选拔。素养导向的试题任务设计，应确保任务的清晰度、任务指向的明确性、任务的建构性、任务的公平性和任务的导向性。

第五章
国际素养测评的进展

　　命题的素养导向，符合素养测评的价值意蕴，是教育评价范式变革下的必然取向，也是新时代我国人才选拔的必然要求。实践中，素养导向的试题命制是有一定难度的，因此，借鉴国内、国际素养测评的真实案例，对提升命题者的命题水平很有价值。

　　自20世纪中期开始，世界各国逐渐将注意力转移到本国人才的培养上，教育质量成为各国教育部门关注的重要问题，在这样的背景下，国际大规模测评应运而生，蓬勃发展。经过多年的发展，国外对于素养的测评已经形成了较为成熟和全面的体系。以PISA、TIMSS、PIRLS等为代表的国际大规模测试受到广泛关注，成为各国普遍重视的世界性测评项目。由于本章主要探讨国际大规模素养测试的试题命制，因此，本章内容仅涉及国际测评项目的试题及其相关部分，不包括国际测评项目问卷等测评内容。

第一节　国际学生评估项目（PISA）

PISA（Programme for International Student Assessment），是经济合作与发展组织（简称OECD）举办的国际学生评价项目。据OECD官方网站信息显示，PISA是经合组织的国际学生评估计划。PISA衡量15岁儿童利用阅读、数学和科学知识和技能应对现实生活挑战的能力。作为当前非常流行的国际教育评价项目之一，PISA以其评价理念、评价内容、评价方法及评价结果的全面性和科学性著称。

PISA测试在2000年开始，每年以一种素养（阅读、数学和科学）为主要测试领域，每三年更换一个领域，每九年完成一次大循环。由于各国的课程体系差异较大，PISA测试体系为确保测试的公平性，抛开对学生学习内容的考查，将测试目标指向素养，即学生是否有能力解决生活和工作中可能遇到的问题。根据以往的经验，每次大循环前，PISA都会重新界定主要测评领域的素养内涵，制定测试标准、选取测试文本、确定试题样式、设计评价工具等。除了测评测试对象的知识、技能外，PISA还利用问卷测查学生生活和成长背景、学习动机和态度。

从2012年起，除了主要的评估领域，PISA在每个周期都会有一项创新领域评估。创新领域包括创造性问题解决、合作解决问题、全球竞争力、创造性思维和数字世界学习等。

一、PISA阅读素养测试

PISA阅读能力测试主要是通过故事、邮件、报道、图表等材料，考查测试对象根据对材料的理解，理顺逻辑线索、获取信息、整合信息、分析信息并运用自身原有的知识、经验等在综合判断后，重新表达的能力。

（一）PISA阅读素养界定

PISA 2000、PISA 2009和PISA 2018的评估主题一样，主要测试领域是阅读素养。PISA 2000将阅读素养界定为理解、使用和反思书面文本，以实现自己的目标，发展自己的知识和潜力，参与社会。PISA 2009阅读素养是理解、使用、反思和融入书面文本，以实现自己的目标，发展自己的知识和潜力，并参与社会。增加了"融入"。PISA 2018意识到人们的阅读方式自2009年以来发生一些变化：电子格式的印刷品大量涌入，电子文本数量激增。因此，学生能够借助不同的文本辨别事实和观点并构建意义变得更加重要。由此，PISA 2018将阅读素养界定为为达到个人目标、增长知识和发展个人潜能及参与社会活动而对文本的理解、使用、评价、反思和参与能力。①增加了"评估"，删除了"书面"。

从PISA 2000、PISA 2009和PISA 2018的阅读素养界定不难看出，近十年间的阅读素养目标是比较一致的，强调学生的自我价值实现和社会参与；阅读文本形式上，由纸质印刷制品拓展到电子数字文本；测评的认知水平上，由理解、使用、反思拓展到情感投入和评价。PISA阅读素养测试中文本形式的扩宽和测评认知水平的加深，呼应了数字化背景下人类阅读的多元发展以及国际人才素养水平的需求变化。

（二）PISA阅读素养测试的评估框架

20多年来，世界发生了翻天覆地的变化，阅读材料的数量和种类激增，对人的阅读素养的要求也发生了改变。互联网的普及、智能技术的发展、数字阅读的渗入，颠覆了人类对于阅读的认知。以往以理解、解释和反思作为主要指向的单一文本阅读能力，已经因为信息技术的融入而发生改变。阅读来源（获取文本信息的媒介从印刷品到电脑屏幕再到智能手机）、阅读过程的改变（文本结构和格式变化），以及数字阅读能力（在有目的的阅读中发展新的认知策略和更清晰的目标②）重要性的日益凸显，使得阅读素养定义的扩展成为必然。

PISA 2018侧重测评学生的阅读能力，以计算机测试的方式进行。考虑到近

---

① OECD.PISA 2018 Draft Analytical Frameworks[EB/OL].https://www.oecd.org/PISA/PISAproducts/PISA-2018-draft-frameworks.
② OECD.PISA 2018 assessment and analytical framework[M].Paris: OECD Publishing,2019:23.

十年来数字环境中人们阅读方式和习惯的变化以及阅读来源更加广泛的现实，PISA 2018制定了一个新的阅读评估框架。相比以往的阅读评估框架，PISA 2018将传统意义上的阅读与新阅读形式结合，通过数字形式呈现，更侧重考查学生查找、比较、对比和整合信息的能力，关注学生的参与感和元认知。

1.PISA阅读素养测试的素材

PISA阅读素材从形式上可以分为单一文本素材和多个文本的组合素材；从素材的组织方式上，可以分为静态和动态两类；从素材呈现逻辑上，可以分为连续性文本和非连续性文本两类；从素材的叙述逻辑上，可以分为叙述、阐述、论证等类型。

2.PISA阅读素养层级

PISA 2018的阅读素养测试涉及了多种不同层级的认知行为：

第一，定位信息。定位，顾名思义，是确定位置。在PISA 2018的阅读素养测试中，定位信息的含义主要有两个方面，一是获取和检索，即从表格、正文章节或整本书中查找信息，通过浏览材料，获取文本中的目标信息。读者对测试任务的理解、对文本逻辑的掌握以及他们评估文本的能力决定了他们定位信息的能力，此外，定位信息能力高低也与读者对信息的整体把控、阅读速度调节和他们避开干扰信息的能力有关。二是搜索和选择，即根据项目／任务的要求选择最相关的文本信息。对于多来源文本，读者需要有能力通过评估本文来判断文本中的关键信息和边缘信息，完成关键信息的高效获取。

第二，理解。文本理解是读者基于文本内容的个性化建构，需要读者通过阅读完成文本信息的分析和整合。这里的理解包含三个方面的内容：一是再现，或者转述，即根据对文字内容的理解，将问题中的有效信息与试题提供的文本信息中的相同或相似信息进行匹配。再现或者转述需要读者对文本的字面信息进行判断、分析和概括。二是推理，即通过对文本信息的有效整合，理解文本信息背后的意思，对文本主旨等进行概述等。推理水平，考查读者建构文本信息，通过或简单或复杂的连接，整合文本信息，概括文本主旨的能力。三是统整，即根据多源文本的不同信息片段，集成信息，形成跨来源推断。当读者面对多个文本时，需要将文本信息进行整合，参与文本，评估信息来源，解决多个文本可能造成的认知冲突。

第三，评估和反思。评估和反思包括评估质量和可信度、反思内容和形式以及发现和处理冲突几个方面。通过评估文本信息的信度、效度、时效性、准确度、公平性评估质量和可信度，识别信息的含义和来源；通过反思自身经验和知识，以比较、对比或假设等方式，思考文本的写作形式，判断作者的观点及其表述方式；比较多个文本间的相互印证或者相互矛盾，确定作者立场和观点；换句话说，评估和反思，需要读者综合思考多个文本的观点，检测并处理多个文本的观点冲突，判断文本的来源和可信度，利用信息佐证自己的观点。

3.PISA阅读素养测试的情境与任务

阅读是一种基于一定目的的活动，PISA阅读素养测试中，命题者通过特定目标引导学生参与活动，达成目标。不同于传统阅读评价中的碎片化问题，PISA阅读素养测试，尤其是PISA 2018阅读素养测试的任务情境是基于单元场景的。试题以虚构的场景（描述了该任务单元的目标）开始，赋予学生角色和目的。这些场景包含个体的、公众的、教育性的和职业性的。

从PISA阅读素养测试的任务情境设置上看，情境真实感强，贴近学生的日常生活，容易引发学生的阅读兴趣，激发学生的探究欲望。素材形式多样，素材内容主题集中，逻辑清晰，有利于引导学生快速融入文本环境。

（三）PISA阅读素养测试典型试题及分析

PISA阅读素养测试的试题很多，以PISA 2018的阅读素养测试试题为例：

Imagine that a local library is hosting a lecture next week. The lecture will be given by a professor from a nearby university. She will discuss her field work on the island of Rapa Nui in the Pacific Ocean, over 3200 kilometres west of Chile.

Your history class will attend the lecture. Your teacher asks you to research the history of Rapa Nui so that you will know something about it before you attend the lecture.

The first source you will read is a blog entry written by the professor while she was living on Rapa Nui.

译文：

想象一下，当地一家图书馆下周将举办一场讲座。讲座将由附近一所大学的教授主讲。她将讨论她在智利以西3200多公里的太平洋拉帕努伊岛的实地工作。你的历史课程学习将通过这场讲座进行。你的老师要求你研究拉帕努伊的历史，这样你在参加讲座之前就会有所了解。你会读到的第一个资料是教授在拉帕努伊生活时写的一篇博客文章。

材料一：

The Professor's Blog   **Posted May 23, 11:22 a.m.**

As I look out of my window this morning, I see the landscape I have learned to love here on Rapa Nui, which is known in some places by the name Easter Island. The grasses and shrubs are green, the sky is blue, and the old, now extinct volcanoes rise up in the background.

I am a bit sad knowing that this is my last week on the island. I have finished my field work and will be returning home. Later today, I will take a walk through the hills and say good-bye to the moais that I have been studying for the past nine months. Here is a picture of some of these massive statues.

If you have been following my blog this year, then you know that the people of Rapa Nui carved these moais hundreds of years ago. These impressive moais had been carved in a single quarry on the eastern part of the island. Some of them weighed thousands of kilos, yet the people of Rapa Nui were able to move them to locations far away from the quarry without cranes or any heavy equipment.

For years, archeologists did not know how these massive statues were moved.

It remained a mystery until the 1990s, when a team of archeologists and residents of Rapa Nui demonstrated that the moai could have been transported and raised using ropes made from plants and wooden rollers and tracks made from large trees that had once thrived on the island. The mystery of the moai was solved.

Another mystery remained, however. What happened to these plants and large trees that had been used to move the moai? As I said, when I look out of my window, I see grasses and shrubs and a small tree or two, but nothing that could have been used to move these huge statues. It is a fascinating puzzle, one that I will explore in future posts and lectures. Until then, you may wish to investigate the mystery yourself. I suggest you begin with a book called *Collapse* by Jared Diamond. This review of Collapse is a good place to start.

译文：

教授博客　　　　　　　　　发布时间：5月23日上午11:22

今天早上，当我从窗户向外看时，我看到了我热爱的拉帕努伊（Rapa Nui）上的风景，这里在一些地方被称为复活节岛（Easter Island）。草地和灌木是绿色的，天空是蓝色的，背景中升起了古老的死火山。

知道这是我在岛上的最后一周，我有点儿难过。我已经完成了野外工作，将要回家了。今天晚些时候，我将在山丘上散步，向我在过去九个月里一直在研究的摩艾说再见。这是一些巨型雕像的照片。

如果你今年一直关注我的博客，那么你就会知道拉帕努伊人在数百年前就雕刻了这些摩艾。这些令人印象深刻的摩艾是在岛东部的一个采石场雕刻的。其中一些重达数千公斤，但拉帕努伊的人们能够在没有起重机或任何重型设备的情况下将它们转移到远离采石场的地方。

多年来，考古学家不知道这些巨大的雕像是如何被移动的。这一直是一个谜。直到20世纪90年代，当时一组考古学家和拉帕努伊的居民证明，摩艾可以用植物制成的绳索、木质滚筒和曾经在岛上生长的大树制成的轨道运输和提升。摩艾之谜解开了。

然而，另一个谜仍然存在。这些用来移动摩艾的植物和大树发生了什么？正如我所说，当我从窗户向外看时，我看到了草、灌木和一两棵小树，但没有任何东西可以用来移动这些巨大的雕像。这是一个引人入胜的谜题，我将在未来的帖子和讲座中探索。在那之前，你可能希望自己调查这个谜。我建议你从贾里德·戴蒙德的一本名为《崩溃》的书开始。这篇关于崩溃的评论是一个很好的起点。

根据材料一回答问题：

According to the blog, when did the professor start her field work?

A. During the 1990s.　　　　B. Nine months ago.

C. One year ago.　　　　　D. At the beginning of May.

译：根据博客，这位教授是什么时候开始她的野外工作的？

A.1990年代　　　B.九个月前　　　C.一年前　　　D.五月初

In the last paragraph of the blog, the professor writes: "Another mystery remained..."

To what mystery does she refer?

译：在博客的最后一段，这位教授写道："另一个谜团仍然存在……"

她指的是什么奥秘？

分析：根据材料一，设置了两个问题，一个是细节理解性问题，只要学生理解关于这部分的叙述，就很容易获得答案。第二个问题，考查的是学生对于文章的字里行间语义关系的理解。学生必须理解博客文章中提到的第二个谜团——曾经生长在拉帕努伊岛上并用来移动摩艾的大树发生了什么？学生可以直接引用博客中的原文作答，也可以用自己的语言进行准确的转述。这两个问题都是对于材料一的理解性问题，命题者在命制时，也考虑到了试题难度上的螺旋上升，第一题使用选择题形式而第二题采用问答题形式。

材料二：

Book Review　　　　　　**Review of *Collapse***

Jared Diamond's new book, *Collapse*, is a clear warning about the consequences of damaging our environment. In the book, the author describes several civilizations that collapsed because of the choices they made and their impact on the environment. One of the most disturbing examples in the book is Rapa Nui. According to the author, Rapa Nui was settled by Polynesians sometime after 700CE. They developed a thriving society of, perhaps, 15000 people. They carved the moais, the famous statues, and used the natural resources available to them to move these huge moais to different locations around the island. When the first Europeans landed on Rapa Nui in 1722, the moais were still there, but the trees were gone. The population was down to a few thousand people who were struggling to survive. Mr.Diamond writes that the people of Rapa Nui cleared the land for farming and other purposes and that they over-hunted the numerous species of sea and land birds that had lived on the island. He speculates that the dwindling natural resources led to civil wars and the collapse of Rapa Nui's society.

The lesson of this wonderful but frightening book is that in the past, humans made the choice to destroy their environment by cutting down all the trees and hunting animal species to extinction. Optimistically, the author points out, we can choose not to make the same mistakes today. The book is written well and deserves to be read by anyone who is concerned about the environment.

译文：

书评　　　　　　　　　**重温《崩溃》**

贾里德·戴蒙德的新书《崩溃》对破坏环境的后果发出了明确的警告。在书中，作者描述了几个案例。书中最令人不安的例子之一是拉帕努伊文明，因为他们所做的选择及其影响而崩溃。根据作者的说法，拉帕努伊岛在公元700年后的某个时候被波利尼西亚人定居。他们发展了一个繁荣的社会，也许有15000人。他们雕刻了摩艾这些巨大的雕像，并利用可用的自然资源将这些巨大的摩艾运到岛上的不同地点。1722年，当第一批欧洲人登陆拉帕努伊时，摩艾人仍然在那里，但树已经不见了。人口减少到几千人，他们正在为生存而挣扎。贾里德·戴蒙德写道，拉帕努伊人为了耕种和其他目的清理了这块土地，他们过度猎杀了岛上生活的大量海陆鸟类。他推测，自然资源的减少导致了内战和拉帕努伊社会的崩溃。

这本精彩但可怕的书给我们的教训是，在过去，人类选择通过砍伐所有树木和狩猎动物种来破坏环境。作者指出，乐观地说，我们今天可以选择不犯同样的错误。这本书写得很好，任何关心环境的人都应该读一读。

依据材料二，回答问题：

Refer to the Review of Collapse, click on the choices in the table to answer the question.

Listed below are statements from the Review of Collapse. Are these statements facts or opinions? Click on either Fact or Opinion for each statement.

译：依据材料二，点击表中的选项以回答问题。

下面列出的是与材料二相关的一些说法。这些说法是事实还是观点？点击每个陈述的事实或意见。

Is the statement a fact or an opinion? （这个说法是事实还是观点？）	Fact （事实）	Opinion （观点）
In the book, the author describes several civilizations that collapsed because of the choices they made and their impact on the environment. （在书中，作者描述了几个文明因其所做的选择及其对环境的影响而崩溃。）		
One of the most disturbing examples in the book is Rapa Nui.（书中最令人不安的例子之一是拉帕努伊。）		
They carved the moais. the famous statues, and used the natural resources available to them to move these huge moais to different locations around the island.（他们雕刻了摩艾，这些著名的雕像，并利用可用的自然资源将这些巨大的摩艾转移到岛上的不同位置。）		
When the first Europeans landed on Easter Island in 1722, the moais were still there, but the trees were gone.（1722年，当第一批欧洲人登陆复活节岛时，摩艾人仍然在那里，但树木已经不见了。）		
The book is written well and deserves to be read by anyone who is concerned about the environment.（这本书写得很好，值得任何关心环境的人阅读。）		

分析：这道题要求学生确定书评中的每一句话是事实还是观点，考查学生的判断能力。学生必须首先理解文章中每个陈述的含义，在理解的基础上做出判断，才能决定内容是真实的还是代表了评论作者的观点。从一定程度上看，这道题通过判断这种方式，引导学生必须关注内容及其呈现方式，而不仅仅是意义。

材料三：

Science News

Did Polynesian Rats Destroy Rapa Nui's Trees?

By Michael Kimball, Science Reporter

In 2005, Jared Diamond published *Collapse*. In the book, he described the human settlement of Rapa Nui (also called Easter lsland).

The book caused a huge controversy soon after its publication. Many scientists questioned Diamond's theory of what happened on Rapa Nui. They agreed that the huge trees had disappeared by the time Europeans first arrived on the island in the 18th century, but they did not agree with Jared Diamond's theory about the cause of the disappearance.

Now, two scientists, Carl Lipo and Terry Hunt, have published a new theory. They believe that the Polynesian rat ate the seeds of the trees, preventing new ones from growing. The rat, they believe, was brought over either accidentally or purposefully on the canoes that the first human settlers used to land on Rapa Nui.

Studies have shown that a population of rats can double every 47 days. That's a lot of rats to feed. To support their theory, Lipo and Hunt point to the remains of palm nuts that show the gnaw marks made by rats. Of course, they acknowledge that humans did play a role in the destruction of the forests of Rapa Nui. But they believe that the Polynesian rat was an even greater culprit among a series of factors.

译文：

科学新闻

波利尼西亚的老鼠破坏了拉帕努伊的树吗？

科学记者Michael Kimball

2005年，贾里德·戴蒙德出版了《崩溃》。在书中，他描述了拉帕努伊（又称复活节岛）的人类定居点。

这本书出版后不久就引起了巨大的争议。许多科学家质疑戴蒙德关于拉帕努伊事件的理论。他们一致认为，当欧洲人在18世纪首次抵达该岛时，这些大树已经消失，但他们不同意贾里德·戴蒙德关于消失原因的理论。

现在，两位科学家Carl Lipo和Terry Hunt发表了一个新的理论。他们认为波利尼西亚老鼠吃掉了树的种子，阻止了新的树的生长。他们认为，老鼠是在第一批人类定居者降落在拉帕努伊的独木舟上意外或故意带过来的。

研究表明，老鼠的数量可以每47天翻一番。要喂的老鼠太多了。为了支持他们的理论，Lipo和Hunt指出了带有老鼠咬痕的棕榈坚果残骸。当然，他们承认人类确实在拉帕努伊森林的破坏中发挥了作用。但他们认为，在一系列因素中，波利尼西亚老鼠是更大的罪魁祸首。

根据材料三，回答问题：

What do the scientists mentioned in the article and Jared Diamond agree on?

A. Humans settled Rapa Nui hundreds of years ago.

B. Large trees have disappeared from Rapa Nui.

C. Polynesian rats ate the seeds of large trees on Rapa Nui.

D. Europeans arrived on Rapa Nui in the 18th century.

文章中提到的科学家和贾里德·戴蒙德在什么方面达成了一致？

A.拉帕努伊是几百年前人类定居的地方。

B.拉帕努伊的大树已经消失了。

C.波利尼西亚的老鼠吃着拉帕努伊岛上大树的种子。

D.欧洲人在18世纪来到拉帕努伊。

What evidence do Carl Lipo and Terry Hunt present to support their theory of why the large trees of Rapa Nui disappeared?

A. The rats arrived on the island on settler's canoes.

B. The rats may have been brought by the settlers purposefully.

C. Rat populations can double every 47 days.

D. The remains of palm nuts show gnaw marks made by rats.

卡尔·利波和特里·亨特提出了什么证据来支持他们关于拉帕努伊大树消失的理论?

A.老鼠乘坐定居者的独木舟来到岛上。

B.这些老鼠可能是定居者故意带来的。

C.老鼠的数量每47天就会增加一倍。

D.棕榈坚果的残骸上有老鼠咬过的痕迹。

分析:材料三是一篇来自在线科学杂志的文章,设有两道小题。

第一题要求学生找到文章中包含科学家和贾里德·戴蒙德的部分并确定包含"协商类信息"的句子。由于文本中包含了一些看似合理实则不正确的信息,分散了学生的注意力,因此,这道试题并不算简单。

第二题学生需要理解文本中的哪些信息支持或证实了科学家提出的理论。在这里,学生必须超越对文本的理解,并确定文本的哪个要素是支撑观点的主要证据。

Refer to all three sources on the right by clicking on each of the tabs.

根据所给的三份材料,回答问题

1. Drag and drop the causes, and the effect they have in common, into the correct places in the table about the theories.

将原因及其作用拖放到表格中的正确位置。

The Theories

Cause	Effect	Supporters of the Theory
		Jared Diamond
		Carl Lipo and Terry Hunt

The moai were carved in the same quarry.	Polynesian rats ate tree seeds and as a result no new trees could grow.	Settlers used canoes to bring Polynesian rats to Rapa Nui.
The large trees disappeared from Rapa Nui.	Rapa Nui residents needed natural resources to move the moai.	Humans cut down trees to clear land for agriculture and other reasons.

After reading the three sources, what do you think caused the disappearance of the large trees on Rapa Nui? Provide specific information from the sources to support your answer.

看完这三个来源，你认为是什么原因导致了拉帕努伊的大树消失？提供来源的具体信息以支持你的回答。

分析：上面两道试题是在为学生完整提供三份文字材料的基础上的问题。第一题看似只是一道简单的填空题，但在作答过程中，学生必须充分理解所提供的三份材料的主题和逻辑关系，整合文本中关于Jared Diamond、Carl Lipo和Terry Hunt提出的不同理论的信息。同时，学生需要能够有意识地排除文字中干扰信息的影响，保持注意力在主要问题上。此外，学生还必须了解每一位科学家认为的大树消失的原因。

第二题需要学生在读懂材料的基础上，对文本信息进行整体分析、表明自己的观点并提供合理的解释支撑观点。学生必须整合来自不同文本的信息，并决定支持哪种理论。作答的前提是学生必须理解这些理论，给出自己的观点并利用文本信息支持观点。这道试题具有很大的开放度，学生可以选择支持任何一种理论，也可以不支持任何一个理论，只要提供合乎逻辑的有效解释即可。

三个文本材料，包含了新闻、博客文章和书评，讨论了两种相互竞争的理论，学生们被要求找出每个理论提出的共同效应的原因和效应本身。[①]虽然所提供的文本对学生来说都是可用的，但需要学生根据任务要求处理信息、搜寻证据、支持观点。试题强调学生跨多个来源查找、比较、对比和集成信息的能力，适合学生阅读素养的考查。

再以PISA 2018的另一道阅读素养测试试题为例：

In some places, like the United States, drinking cow's milk is common.

Imagine that three students, Anna, Christopher and Sam, are at a coffee shop in the United States. The owner recently placed a sign in the window that stated: "After April 5th we will no longer serve cow's milk here. Instead, we will offer a milk substitute made from soy."

Anna, Christopher and Sam are curious about why the coffee shop would stop serving cow's milk, so Anna does an Internet search on her smartphone for "cow's milk". They look at the first result and discuss it.

在一些地方，比如美国，喝牛奶很常见。

想象一下，安娜、克里斯托弗和山姆三个学生在美国的一家咖啡店。店主最近在窗户上贴了一块牌子，上面写着："4月5日之后，我们将不再在这里供应牛奶。相反，我们将提供一种由大豆制成的牛奶替代品。"

Anna、Christopher和Sam很好奇为什么咖啡店会停止供应牛奶，所以Anna在她的智能手机上搜索"牛奶"。他们查看第一个结果并进行讨论。

材料一：

---

① OECD.PISA 2018: Insights and Interpretations.[EB/OL]. https://www.oecd.org/pisa.

Farm to Market Dairy

About Us Products Nutrition

The Nutritional Value of Milk: Countless Benefits!

Farm to Market Dairy milk products contain key nutrients: calcium, protein, vitamin D, vitamin B12, riboflavin, and potassium. These vitamins and minerals make Farm to Market Dairy milk products an important part of a healthful diet. Consuming Farm to Market Dairy milk products every day is a great way to ensure that you get the vitamins and minerals your body needs.

Consuming Farm to Market Dairy milk products increases weight loss and helps maintain a healthy weight. Milk increases bone strength and density. It even improves cardiovascular health and helps prevent cancer. One glass of milk is packed with vitamins, minerals, and a wealth of health benefits.

According to Bill Sears, MD, Associate Clinical Professor of Pediatrics at the University of California at Irvine, milk contains many important nutrients in one convenient place. The International Dairy Foods Association (IDFA) supports this idea. In fact, the IDFA suggests that many health professionals and groups would also agree.

Milk contains a complete nutrient package of nine essential nutrients. In addition to being an excellent source of calcium and vitamin D, it is a good source of vitamin A, protein and potassium. Dairy is recommended by doctors. Dairy's role in a healthy diet has long been established by the nutrition and science community. This includes the National Osteoporosis Foundation, the Surgeon General, the National Institutes of Health, the American Medical Association's Council of Scientific Affairs and many other leading health organizations.

International Dairy Foods Association, September 27, 2007

译文：

从农场到市场的奶制品

关于我们产品营养

牛奶的营养价值：数不胜数的好处！

从农场到市场的乳制品含有关键营养素：钙、蛋白质、维生素D、维生素B12、核黄素和钾。这些维生素和矿物质使农场到市场的乳制品成为健康饮食的重要组成部分。每天食用从农场到市场的乳制品是确保你获得身体所需维生素和矿物质的好方法。

食用从农场到市场的乳制品可以加快体重减轻，并有助于保持健康的体重。牛奶可以增强骨骼强度和密度。它甚至可以改善心血管健康，并有助于预防癌症。一杯牛奶富含维生素、矿物质和大量有益健康的东西。

加州大学欧文分校儿科临床副教授Bill Sears医学博士表示，牛奶含有许多重要的营养成分。国际乳制品协会（IDFA）支持这一观点。事实上，IDFA表明，许多卫生专业人士和团体也会同意这一点。

牛奶是含有九种必需营养素的完整营养包。不仅是钙和维生素D的良好来源外，它还是维生素A、蛋白质和钾的良好来源。医生推荐乳制品。乳制品在健康饮食中的作用早已被营养和科学界所确立，这包括国家骨质疏松基金会、外科医生、国家卫生研究院、美国医学会科学事务委员会和许多其他领先的卫生组织。

国际乳制品协会，2007年9月27日

According to the IDFA, with which statement do leading health professionals and organizations agree?

A. Consuming milk and milk products leads to obesity.

B. Milk is a good source of essential vitamins and minerals.

C. Milk contains more vitamins than minerals.

D. Drinking milk is a leading cause of osteoporosis.

根据IDFA的说法，领先的卫生专业人员和组织同意哪种说法？

A.食用牛奶和奶制品会导致肥胖。

B.牛奶是必需维生素和矿物质的良好来源。

C.牛奶中的维生素比矿物质多。

D.喝牛奶是导致骨质疏松症的主要原因。

What is the main purpose of this text?

A. To argue that milk products increase weight loss.

B. To compare Farm to Market Dairy milk products to other dairy products.

C. To inform the public of the risks associated with heart disease.

D. To support the use of Farm to Market Dairy products.

这篇文章的主要目的是什么?

A.认为乳制品能加快体重减轻。

B.将农场到市场的乳制品与其他乳制品进行比较。

C.告知公众与心脏病相关的风险。

D.支持使用从农场到市场的乳制品。

分析：材料一是国际乳制品协会有关牛奶对人类营养价值的说明，设有两道试题。要求学生通过阅读文本，对两道小题进行作答。第一题，需要学生在理解文本内容的基础上，找到与文本内容含义一致的试题选项；第二题，是对文章主旨大意的设问，考查学生理解、归纳的能力。需要学生在充分理解文本的基础上，对文本作者的写作意图进行概括。

材料二：

Anna, Christopher and Sam are talking about the decision of the coffee shop owner to stop selling cow's milk. Sam says, "Maybe cow's milk is becoming too expensive." Christopher is looking at his smartphone. "Maybe, but I did a web search on cow's milk too. I'm going to text you the link to a more recent article that may explain it."

Anna and Sam open the link Christopher sent and read the article, "Just Say 'No' to Cow's Milk!"

安娜、克里斯托弗和山姆正在谈论咖啡店老板停止销售牛奶的决定。

山姆说："也许牛奶太贵了。"克里斯托弗正在看他的智能手机。"也许吧，但我也在网上搜索了牛奶。我会通过短信发给你一篇最近的文章的链接，也许可以解释这一点。"

安娜和山姆打开克里斯托弗发来的链接，阅读了这篇文章："对牛奶说'不'就好了！"

Just Say 'No' to Cow's Milk!

By Health Reporter, Dr. R. Garza

Cow's milk is a big part of many people's lives in the United States. Babies drink cow's milk in bottles. Children eat cereal drenched in cow's milk. Even adults enjoy a cold glass of milk from time to time. Yes, cow's milk is a huge part of the human diet in many places around the world. However, more and more research is suggesting that milk may not "do a body good" as the popular American advertising slogan claims.

The United States Department of Agriculture, the American Dairy Council, Dairy Management, Inc., and other organizations have worked hard to advocate for milk for many years. They encourage adults to drink at least three glasses of milk a day. However, several studies in the last decade have questioned the bone-strengthening power of milk as well as other claims about the health benefits of milk. The results may surprise you.

One of the most recent and most important studies on the effects of drinking milk was published in the October 2014 issue of the British Medical Journal. The findings in this study led to some powerful assertions about the consumption of milk. In this study over 100000 people in Sweden were followed over periods of 20-30 years. Researchers found that the female milk drinkers suffered more bone fractures. Additionally, both male and female milk drinkers were more likely to suffer from heart disease and cancer. These staggering results are similar to findings from other studies.

The Physicians Committee for Responsible Medicine (PCRM) commented on some of the health problems related to the consumption of milk. It claims that milk and dairy products "have little or no benefit for bones." The PCRM goes further to describe some specific problems associated with milk:

"Milk proteins, milk sugar, fat, and saturated fat in dairy products pose health risks for children and encourage the development of obesity, diabetes, and heart disease."

These are serious claims and more studies are needed in order to confirm the findings. However, there is mounting proof that drinking cow's milk could be less beneficial to our health than originally thought. If these claims become indisputable facts, it may be time to just say 'no' to cow's milk.

译文：

对牛奶说"不"！

健康记者R.Garza博士

在美国，牛奶是许多人生活的重要组成部分。婴儿用奶瓶喝牛奶。孩子们吃浸了牛奶的麦片。即使是成年人也会时不时地喝一杯冷牛奶。是的，在世界各地，牛奶是人类饮食的重要组成部分。然而，越来越多的研究表明，牛奶可能不像美国流行的广告语所说的那样"对身体有益"。

美国农业部、美国乳制品委员会、乳制品管理公司和其他组织多年来一直在努力倡导牛奶。他们鼓励成年人每天至少喝三杯牛奶。然而，过去十年中的几项研究对牛奶的骨骼强化能力以及其他关于牛奶对健康有益的说法提出了质疑。结果可能会让你大吃一惊。

关于喝牛奶带来的影响的最新也是最重要的研究之一发表在2014年10月的《英国医学杂志》上。这项研究的发现引出了一些关于牛奶消费的有力论断。在这项研究中，对瑞典超过10万人进行了20—30年的跟踪调查。研究人员发现，喝牛奶的女性骨折更多。此外，喝牛奶的男性和女性都更有可能患上心脏病和癌症。这些惊人的结果与其他研究的结果相似。

责任医学医师委员会（PCRM）对与牛奶消费有关的一些健康问题发表了评论。它声称牛奶和乳制品"对骨骼几乎没有好处"。PCRM进一步描述了与牛奶相关的一些具体问题：

　　"乳制品中的乳蛋白、乳糖、脂肪和饱和脂肪会对儿童健康构成风险，并助长肥胖、糖尿病和心脏病的发生。"

　　这些都是严重的指控，需要更多的研究来证实这些发现。然而，越来越多的证据表明，喝牛奶对我们的健康可能没有最初想象的那么有益。如果这些说法成为无可争辩的事实，也许是时候对牛奶说"不"了。

　　Refer to "Just Say No to Cow's Milk!" on the right. Click on the choices in the table to answer the question.

　　Could the following statements represent Dr. Garza's purpose for writing the article? Click on either Yes or No for each statement.

　　阅读材料二，回答问题。以下陈述能否代表加尔扎博士撰写这篇文章的目的？选择"是"或"否"。

Could this statement represent the purpose of the article? （这句话能代表文章的目的吗？）	Yes	No
To question the benefit of dairy products on general health. （质疑乳制品对健康的益处。）		
To discuss various research findings about cow's milk. （讨论有关牛奶的各种研究结果。）		
To point out that milk and other dairy products have not been studied. （指出牛奶和其他乳制品尚未被研究。）		

　　分析：这道题是一道判断题，需要学生在阅读文本的基础上，判断表格中的陈述哪些与加尔扎博士撰写这篇文章的目的一致。换句话说，学生首先需要理解文章的整体含义、反思文章的内容和呈现方式，然后判断表格中的每一句是否能够代表作者的写作目的。虽然从形式上看，这道题考查的是学生的判断能力，但从认知能力上看，这道题属于归纳总结能力的测评。

Refer to "Just Say No to Cow's Milk!" on the right. Type your answer to the question.

Dr.Garza presents a few research results which may "surprise" readers.

State one of them.

阅读材料二，回答问题。Garza博士介绍了一些可能会让读者感到"惊讶"的研究结果。说出其中一个。

分析：文本中关于Garza博士介绍的一些可能会让读者感到"惊讶"的研究结果并不是只有一个，试题要求学生提供一个研究结果即可，学生可以通过直接引用原文或者对文本进行转述来回答问题。这道题考查的是学生抽取具体信息的能力，试题比较简单。

Refer to both sources on the right by clicking on each of the tabs. Click on the choices in the table to answer the question.

Based on the two texts about milk, are the statements in the table below facts or opinions? Click on either Fact or Opinion for each statement.

阅读材料一和材料二，回答问题。根据这两篇关于牛奶的文章，下表中的陈述是事实还是观点？点击每个陈述的事实或观点。

Is the statement a fact or an opinion? （这个说法是事实还是观点？）	Fact （事实）	Opinion （观点）
Recent studies on the health benefits of milk are surprising. （最近关于牛奶对健康有益的研究令人惊讶。）		
Studies have shown that drinking milk has detrimental health effects. （研究表明，喝牛奶对健康有害。）		
Several studies have questioned the bone strengthening power of milk. （几项研究对牛奶增强骨骼的能力提出了质疑。）		
Drinking milk and other dairy products is the best way to lose weight. （喝牛奶和其他乳制品是减肥的最佳方法。）		

分析：这道试题要求学生整合两个文本材料提供的信息，并推断表中

的陈述是代表文本中呈现的事实，还是文本中展现的观点。这种跨来源的阅读，需要学生在理解文本信息的基础上，整合信息，总结观点，再进行判断。

The authors of the two texts disagree on the role of milk in a regular diet.

What is the main point the authors disagree on?

A. Milk's effects on health and milk's role in human diets.

B. The number of vitamins and minerals found in milk.

C. The best form of dairy to regularly consume.

D. Which organization is the leading authority on milk.

这两篇文章的作者就牛奶在日常饮食中的作用上存在分歧。作者们主要的分歧点是什么？

A.牛奶对健康的影响以及牛奶在人类饮食中的作用。

B.牛奶中维生素和矿物质的含量。

C.经常食用的最佳奶制品。

D.哪个组织是牛奶方面的主要权威机构。

分析：两个文本材料的作者就牛奶在日常饮食中的作用上存在分歧。这道题需要学生阅读两个文本材料后，对分歧进行归纳。为了完成试题任务，学生需要了解所有提供的文本材料中关于牛奶的论断，有目的地搜索两位作者的分歧。

Anna, Christopher and Sam are talking about the two texts.

Christopher: No matter what the coffee shop owner does, I'm going to keep drinking milk every day. It's really good for you.

Anna: Not me! I'm going to drink a lot less milk from now on if it's not good for you.

Sam: I don't know, I think we need to know more before we make a conclusion.

安娜、克里斯托弗和山姆正在谈论这两篇课文。

克里斯托弗：不管咖啡店老板做什么，我都会坚持每天喝牛奶。这对你真的很好。

安娜：我不行！从现在起，如果牛奶对身体不好的话，我会少喝很多。

山姆：我不知道，我想在我们下结论之前，我们需要知道更多。

With whom do you agree? Explain your answer. Refer to information from at least one of the texts.

你同意谁的观点？解释你的答案。请参阅至少一篇文章中的信息。

分析：这道题需要学生选择立场并提供论据支撑观点。试题题干中提供的三个立场：一是支持继续喝牛奶，二是支持少喝牛奶，三是需要了解更多信息才能得出结论。为了完成试题任务，学生需要了解所有提供的文本材料中关于牛奶的论断，这个过程中，由于不同材料的观点不同，学生会经历体验、处理冲突的过程。根据试题要求，学生可以选择三个立场中的任何一个，但必须从至少一篇文本中找到支持其选择的理由。试题的任务情境贴近学生生活、真实可信、任务感强，适合测评学生理解、判断、选择、应用能力以及选择并表达立场的能力。

（四）PISA阅读素养测试的命题特征

阅读是个体学习、生活、工作等方面的重要保障。我们的生活离不开与阅读相关的活动，离不开从阅读中获取并加工信息的行为。PISA阅读素养测试有着其自身的鲜明特征。作为有固定频率的滚动测试项目，PISA阅读素养测试有着鲜明的时代性、建构性特点，具体来说：

试题场景多维。PISA阅读素养测试的试题场景体现在素材来源、素材内容方面。PISA阅读素养测试的文本素养来源丰富，类型包括印刷和电子制品，形式包括连续和非连续文本，题材包括博客文章、新闻报道、书籍评论等。素材来源的多样性为读者展现了丰富多彩的文字世界，让读者在阅读的同时提升认知。PISA阅读素材的内容话题丰富多元，以PISA 2018阅读素养测试的素材为例，包含了喝牛奶的利弊、拉帕努伊岛上的树木、鸡的饲养问题等，话题真实，数字文本、非连续性文本丰富，为读者提供良好的阅读体验。

试题思维含量的增加。PISA阅读素养测试的试题题型囊括了我国当前大规模测试的主要题型，如细节理解试题、填空题、问答题等等。虽然试题形式相同，但内核不同。PISA阅读素养测试的试题难度在每个试题单元内呈现出从易到难、螺旋上升的状态，这种难度分布符合学生的认知规律。此外，与试题难度相匹配，试题的思维含量也呈现出逐步递增的状况，具体表现在试题形式从客观性试题逐步过渡到主观性试题，从单一文本任务逐步过渡到多源文本任务，从固定答案逐步过渡到建构性答案。试题思维含量在开放性、建构性主观性试题上达到最大。以PISA阅读素养测试的拉帕努伊岛的大树一题为例，最后一道小题是"你认为是什么原因导致了拉帕努伊的大树消失"，这道试题的作答，需要学生整合整个试题单元提供的三篇文本材料，分析、整合、评估，提出可信的观点并用文本佐证。对于15岁的中学生来说，这道试题的思维含量是比较高的，需要学生基于文本同时又超越文本，进行跨来源的文本评估，以得出结论。

提升学生文本参与度。PISA阅读素养测试另一个突出的命题特征是有意识提升学生的文本参与度，不论是文本的解读还是对文本观点的论证，都体现了这一点。PISA阅读素养测试的实质，是利用文本与读者对话，通过读者的反馈评估读者素养。从这个意义上说，读者必须整合多源文本的信息、参与文本意义的建构、进行建设性的表达。PISA阅读素养测试在学生文本参与度上做出了积极的尝试，也对其他测试的命题者提供了一种测评思路。

随着我们获取文本信息的媒介的变革，文本的结构和格式也发生了变化。数字环境中，提高了对读者阅读目的性和策略性的要求，需要读者有更清晰的阅读目标。数字阅读时代，非连续性文本的价值日益凸显，阅读素养不再局限于单一连续性文本内容的阅读和理解，对于学生阅读素养的测评，也跳出了单纯的理解性要求，逐步拓宽到对多源文本的信息搜索、分析、整合、使用和评估。

二、PISA数学素养测试

PISA数学素养测试是PISA项目的主要部分，是PISA 2003、PISA 2012和PISA 2022的主要测评领域。PISA数学素养测试包含了对学生数学思考、论证、建模、空间与形式、数量推理、问题解决等领域的内容。PISA 2022测试聚焦于数学学科，采用基于计算机测试，评估学生运用自身已有的数学知识在不同情境下进行数学推理的能力和解决问题的能力。

（一）PISA数学素养界定

以往，数学素养是基本的加、减、乘、除运算、计算数量和百分比、计算几何形状的面积和体积。随着数字化的进展，大数据涌入人们的日常生活，具备数学能力、能够利用数据做决策的要求日益凸显。理解数据、使用数据，需要基本的数学素养和思维。数字化环境下，数学思维逐渐由计算过程驱动过渡到推理驱动，这对数学素养的界定提出了更高的要求。

PISA 2000将数学素养界定为一种个人的能力，明确和理解数学在世界中所扮演的角色，很好地进行数学判别，参与数学，以此来满足作为一个建设性、有爱心和理性的公民现在和将来的生活。[①]

PISA 2003认为数学素养是个体识别并理解数学在世界中所起作用的能力，做出有根据的数学判断的能力，以及作为一个关心社会、善于思考的建设性公民，为了满足个体生活需要使用并从事数学活动的能力。[②]

PISA 2012认为，数学素养是个体在不同情境下表达、应用和阐释数学的能力。包括数学推理能力和使用数学概念、过程、事实和工具来描述、解释以及预测现象的能力。它有助于个体作为一个积极参与的、善于思考

① OECD.Measuring Student Knowledge and Skills: A New Framework for Asessment[M].Paris:OECD Publishing,1999:41.

② OECD.The PISA 2003 assessment framework: Mathematics, reading, science and problem solving knowledge and skills[R].Paris:OECD Publishing,2003:38.

的建设性公民，认识到数学在世界中所起的作用并做出有根据的数学判断和决定。①

PISA 2022将数学素养界定为个体在真实世界背景下，进行数学推理，并表达、应用和阐释数学来解决问题的能力。它包括概念、程序、事实和工具描述、解释和预测现象。对数学素养界定的发展，体现了PISA关注学生对于现在和未来社会所需的数学能力，关注在不同情境和领域内提出、表述和解决问题过程中有效分析、推理和交流的相关能力。②

纵观2000年到2022年，PISA对于数学素养的界定逐步深入，表述更加具体（如PISA 2021将"表达、应用和阐释数学"放在了"数学推理"之后，增加了"解决问题"），时代特征鲜明。

（二）PISA 2022数学素养测评框架

PISA数学素养测试考查15岁学生对于重要的数学概念、知识、理解和技能的运用能力。PISA 2022数学素养框架在延续以往框架的基础上，纳入了数学推理、问题解决过程、数学内容和背景之间的平衡等评估取向。2000年到2018年，PISA数学素养测试的测评框架主要涵盖数学情境、数学内容和数学过程三个维度。数学情境包括个人的、社会的、职业的和科学的四类；数学内容是数学的基础知识，包含数量、不确定性和数据、变化和关系、空间和图形；数学过程则包含数学化、应用、阐释评估。③考虑到外部世界的变化，PISA 2022将数学素养的评估理念拓展至学生创造力、参与度和判断力上。此外，PISA 2022数学素养评估框架中，还涵盖了8项21世纪技能，包括批判性思维，创造力，研究和探究，自我引导、主动性和持久性，信息运用，系统思维，沟通，反思。④

① OECD.PISA 2012 assessment and analytical framework: Mathematics, reading, science problem solving and financial literacy[R].Paris:OECD Publishing,2013:26.

② OECD.PISA 2022 mathematics framework (draft)[J].OECD Publishing,2018:7.

③ 刘冬梅. PISA 2000−2021数学素养测评框架的演变研究[D]. 成都：四川师范大学, 2020：7.

④ OECD.PISA 2022 mathematics framework (draft)[J]. OECD Publishing,2018:31.

综观历年来PISA数学素养评估框架，OECD将数学素养分为数学过程、数学内容和数学情境三个维度。PISA 2000的主要测评维度是数学能力和数学大概念，除此之外，还包括数学课程与数学情境。到2003年正式测试时，PISA 2003将数学课程调整为数学内容。PISA 2006和PISA 2009的数学素养也沿用了上述维度。PISA 2022数学素养测试涵盖数学推理与数学问题解决两个大的领域，包括用数学方法表述情况（建立数学世界与现实世界的联系，用数学建构、解释、评估现实世界）；运用数学概念、事实、程序和推理；解释、应用和评估数学结果几个主要维度。

PISA 2000数学素养测试中，数学大概念涵盖概率、变化与增长、空间与形状、定量推理、不确定性、依据与关系，PISA 2003将2000年的大概念进行了整合，将空间和图形、变化和关系、代数、不确定性作为数学内容。PISA 2012沿用了空间和形状、变化和关系、代数这三类，将"不确定性"调整为"不确定性和数据"。PISA 2022沿用了上述分类，增加了一些时代性的元素。

1.数学推理与问题解决过程（数学过程）

PISA 2003到PISA 2009，数学素养的数学过程大致可以分为三个部分：用数学解释现实问题的素养、运用数学知识解决问题的素养和现实生活中解释数学结果的素养。PISA 2012数学素养测评框架经过修改，将数学素养分为数学表述、数学运用和数学解释三个方面。PISA 2022数学素养测评框架中，强调了数学过程中推理的重要性，将数学推理与数学过程（问题解决过程）结合，而且加入了21世纪关键能力，包含辩证性思维、创造性、研究与探索、自我引导、发起与坚持、信息使用、系统性思维、交流和反思，具有很强的时代特性。

数学推理（包括演绎推理和归纳推理）包括评估情况、选择策略、得出逻辑结论、开发和描述解决方案，以及认识到如何应用这些解决方案。数学推理主要考查学生理解、构建、演绎、证明、解释、辨别、判断、批判、反驳等能力。

（1）数学表述[①]

数学表述是将数学世界与现实世界联系起来，用数学表述现实问题。数学表述包括的内容有：用数学描述来表述所选择的问题；识别模型中的关键变量；阅读、解读和理解陈述、问题、任务、对象或图像，以创建情境模型；识别问题或情况中的数学结构（包括规律、关系和模式）；从数学方面识别和描述现实世界问题；简化或分解问题，使之适于数学分析；认识到问题中与已知问题或数学概念、事实或程序相对应的方面；用标准的数学表示或算法转化问题；使用数学工具（使用适当的变量、符号、图表）来描述问题中的数学结构和／或关系；运用数学工具和计算工具描绘数学关系等。数学表述是将现实世界的环境数学化，也就是说，为现实问题提供数学化结构和表征。

（2）数学运用

数学运用是利用数学知识解决实际生活中的问题，是将数学运用到现实问题的解决上。数学运用的内容包括：计算，选择策略，开发数学图表、图形、结构，能够处理数字、图形、统计性的数据和信息、代数表达式和方程以及几何表示，使用数学工具（包括教育技术）来帮助找到精确或近似的解决方案，评价模式和数据规律的重要性等。数学运用是学生推导结果和找到解决方案所经历的数学过程。这个过程包括算术计算、解方程、逻辑演绎、执行符号操作、提取信息、分析数据等。

（3）数学解释

数学解释，是反思数的能力，是在实际问题中解释数学解决方案、结果或结论的能力，包括在现实问题情境下确定数学解决方案或推理的价值与合理性，解释、应用和评估数学结果等。学生需要在现实背景下完成建构与交流、反思与评估。具体来说，数学解释能力包括根据情境评估数学结果、

[①] OECD.PISA 2022 mathematics framework(draft)[EB/OL].https://www.oecd.org/pisa/sitedocument/PISA-2021-mathematics-framework.pdf.

在现实世界问题的背景下评估数学解决方案的合理性、评估数学结果或结论在现实问题背景下的价值性、评估用于解决问题的模型的局限性等。

综上，数学表述考查学生能够识别并以数学形式表述情境化问题；数学运用考查学生进行计算、操作以及运用所学知识获得解决方案的能力；数学解释考查学生能否有效地反思数学解决方案或结论，在现实问题的背景下解释它们，评估结果或结论是否合理和／或有用。

2.数学知识

数学知识是数学推理和问题解决的基础。PISA 2022数学素养测评框架中的数学知识包括变化与关系、空间与形状、数量、不确定性与数据四个领域。数学知识与学校数学课程的内容结构相似，对学生而言并不陌生。

变化与关系。现实世界中的事物之间存在着相互影响的关系，很多时候，一个物体或数量的变化会引起另一个物体或数量的变化。对于变化与关系的认知，PISA 2022期望学生能够理解变化的基本类型。用合适的数学模型来描述和预测变化。也就是说，学生能够用适当的函数和方程来模拟变化与关系，创建表示这些关系的符号、图表，并进行解释。

空间和形状领域的数学素养涵盖很多日常活动，如绘画中理解角度、创建和阅读地图、变换形状、从不同角度解释三维场景以及构建形状。空间与形状包括对物体的属性、位置和方向等的数学编码。此外，由于生活中充斥着非对称、不均匀的几何形状，我们能看到却很难用简单的公式进行处理，因此考查学生在日常情况下使用对不规则几何空间与形状的理解很重要。

数量。数量是最普遍最基本的数学知识，在我们日常生活中极其常见。运算、估算以及评估结果的合理性需要学生掌握数量知识。量化是描述和测量事物主要方法，包括检查变化和关系，描述和操作空间和形状，组织和解释数据，以及测量和评估不确定性等。

不确定性和数据。不确定性是日常生活的最大确定性。不确定性和数据内容包括认识到变化的重要意义，认识到推断中的不确定性和错误。我们的日常生活充斥着不确定性和数据，如经济预测、天气预报都包含变化和不确定性。

3.数学情境

数学素养需要考查学生在情境中利用数学解决实际问题的能力。数学的使用离不开日常生活的情境，也只有在情境中使用数学，才能评估学生的数学素养。由于PISA的国际项目属性，使得PISA的命题者非常关注情境的公平性和广泛契合度，以确保项目的效度。从数学情境看，PISA 2003将PISA 2000中的公共情境更改为社会情境，将教育与职业情境进行了组合，数学情境变为个人、社会、职业和科学四类。PISA 2012对情境进行了微调，将教育情境改为职业情境。PISA 2021仍延续四类分类标准，将数学情境分为个人的、职业的、社会的和科学的四个方面。

个人情境。个人情境指向个人、家庭或同伴群体活动，如购物、游戏、健康、娱乐、运动、旅行、日程安排和理财等情境，这些情境与个人或家庭生活密切相关，是学生非常熟悉的。

职业情境。职业情境指职业分类在现实工作世界的情况，如会计、调度、设计等工作，都涉及计算、估算、评估等工作内容，需要一定的数学素养。

社会情境。个人的生活离不开社会，社会情境涉及日常生活中常见的社会公共场景，如公共交通、公共政策、人口统计、广告等。

科学情境。科学情境涉及科学问题在日常现实中的应用、与科技相关的主题等。科学情境，如气候、生态、医学等，与现实生活密切关联，涉及大量数学问题，有利于考查数学素养。

需要指出的是，上述四类情境并非相互独立，在PISA项目中，试题情境多半是融合的、重叠的，从不同视角看，会有不同的分类。不同类型情境的组合，是为了更好地实现试题的功能，适应测评的需要。

4.21世纪技能

未来社会到底需要人具备什么样的素养？OECD确定了八项21世纪技能并纳入PISA 2022评估框架。它们是：批判性思维，创造力，研究和探究，自我引导、主动性和持久性，信息运用，系统思维，沟通，反思。在日常生活中，这些技能可能反映在学生对自己提出的论点给出合适的、具有严谨逻辑的理由，基于严密的数学推理评估事物真实性，找到矛盾点，保护自己免受谎言和推论的影响等。

（三）PISA数学素养测试典型试题与分析

PISA数学素养测试的试题类型包括开放构建式问题、封闭构建式问题和选择性试题三类。开放构建式的答案开放度比较高，要求学生能根据试题进行一定程度的拓展；封闭构建式问题相对比开放构建式问题答案的开放度低一些，需要学生从给定的方案或者条件中进行选择；选择性试题要求学生从备选项中选择一个或者多个，这种试题相对简单。

以下面的试题为例①（为方便阅读，文本有所改动）：

智能手机使用

该电子表格显示了亚洲一系列国家的人口（以百万计）和智能手机用户数量（以百万计）。数据已按国家名称排序。

A列	B列	C列	D列
国家	人口数（百万）	使用智能手机的人数（百万）	
孟加拉国	166.735	8.921	
印度尼西亚	266.357	67.57	
日本	125.738	65.282	
马来西亚	31.571	20.98	
巴基斯坦	200.663	23.228	
菲律宾	105.341	28.627	
泰国	68.416	30.486	
土耳其	81.086	44.771	
越南	96.357	29.043	

问题1：若D列为使用智能手机的人数比例，那么，下列哪项对B列和C列的操作能够得到D列的正确值？

对每一个国家

A. 将B列的值除以C列的值：B/C

B. 将B列与C列的值之和除以C列的值：（B+C）/C

---

① https://www.oecd.org/pisa/sitedocument/PISA-2021-mathematics-framework.pdf.

C. 将C列的值除以B列的值：C/B

D. 将B列的值除以B列与C列的值之和：B/（B+C）

智能手机用户比例的数据（以百分比表示）已添加到电子表格的D栏中。

A列	B列	C列	D列
国家	人口数（百万）	使用智能手机的人数（百万）	智能手机用户比例
孟加拉国	166.735	8.921	5%
印度尼西亚	266.357	67.57	25%
日本	125.738	65.282	52%
马来西亚	31.571	20.98	38%
巴基斯坦	200.663	23.228	12%
菲律宾	105.341	28.627	27%
泰国	68.416	30.486	45%
土耳其	81.086	44.771	55%
越南	96.357	29.043	30%

问题2：可以通过选择列标题中的排序按钮对电子表格中的数据进行排序。数据将按升序排序。使用排序按钮可以帮助你评估下面的陈述，请确定每个陈述正确与否，在相应的位置画"√"。

陈述	正确	错误
人口最多的国家也拥有最多的智能手机用户		
智能手机用户数量最少的国家，人口也最少		
智能手机用户比例最高的国家也是人口最少的国家		
智能手机用户比例中位数的国家，也是智能手机用户数量居中的国家。		

下图以每个国家的人口（百万）和最低小时工资（元）为单位绘制了每个国家智能手机用户的比例。

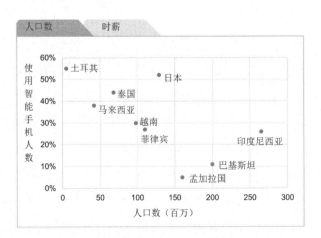

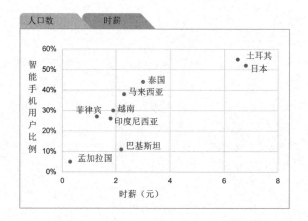

通过选择相应的选项卡，你可以更改每个国家的人口（百万）和最低小时工资（元）之间的横轴变量。通过选择相应的选项卡，研究不同的图形并回答问题。

问题3：对于哪个变量（人口或最低时薪）增加时，该国使用智能手机用户的比例也会增加？请做出选择并解释理由。

A. 人口数

B. 最低时薪（元）

解释你的理由：＿＿＿＿＿＿＿＿＿＿＿＿＿＿＿＿＿＿＿

＿＿＿＿＿＿＿＿＿＿＿＿＿＿＿＿＿＿＿＿＿＿＿＿＿＿＿

分析：这道题是PISA 2022的样题。试题以不同国家人口数量、时薪与使用智能手机的人数比例为情境，设置了三道试题。第一小题考查学生用数学表述现实问题的能力，需要学生理解试题的要求，将问题数学化；第二小题要求学生评估信息的正误，学生需要在理解试题提供的数字材料的基础上，将材料转换成文字。材料二给学生提供了两个选项卡，用两个散点图分别展示以人口数和时薪为单位时不同国家使用智能手机的人数比例。第三小题要求学生提供理由解释并支撑自己的结论，考查学生数学解释的能力。从整体看，试题素材源自真实世界，问题情境逼真，三个小题的难度呈现出逐渐上升的趋势，从易到难，适合学生的作答习惯。试题任务设计上，从选择题、判断题到半开放建构题，对学生的能力考查逐步提升，给了学生全方位展现自身数学素养的机会。

PISA的试题时代感和任务感都比较强，以2012年的PISA试题为例（为便于理解有微调）：

风的力量

Zedtown（地名，下同）正在考虑建造一些风力发电站来发电。

Zedtown委员会收集了以下模型的信息。

型号：E-82　　　　　　施工价格：320万元

塔架高度：138米　　　　周转率：0.10元每千瓦时

转子叶片数量：3个　　　发电维护成本：0.01元每千瓦时

转子叶片长度：40米　　　发电效率：一年运行97%

最大旋转速度：每分钟20转

注：千瓦时（kWh）是电能的计量单位。

问题1：

请判断以下关于E-82的陈述是否可以从所提供的信息中推断出来，在表格中相应位置画√。

陈述	是	否
三个电站的建设总成本将超过800万元		
电站的维护费用约占其营业额的5%		
风力发电站的维护费用取决于发电量		
一年中有整整97天，风力发电站不运行		

Zedtown想要估算建造这个风力发电站的成本和利润。Zedtown的镇长提出了以下公式来估算如果他们建造E-82模型，在数年内的经济收益。（F为利润，y为年）

$$F = 400000\,y - 3200000$$

从每年的 电力生产中获利	建造风力 发电站的成本

问题2:

根据镇长的公式,最少需要运行多少年才能覆盖风力发电站的建设成本?

A. 6年   B. 8年   C. 10年   D. 12年

Zedtown已经决定在一个方形场地(长=宽=500米)上建立一些E-82风力发电站。根据建筑规范,该模型的两个风力发电站的塔之间的最小距离必须是转子叶片长度的5倍。镇长就如何在野外布置风力发电站提出了建议(参考下图)。

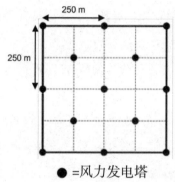

●=风力发电塔

问题3:解释为什么镇长的建议不符合建筑法规。用计算来支持你的论点。

问题4:风力发电站的转子叶片末端移动的最大速度是多少?描述你的解决过程,并给出结果,单位是千米每小时(km/h)。请参考有关E-82型号的信息。

分析:这道试题是PISA 2012数学素养测试的一道试题,试题以风力发电站为话题,共有四道小题。

第一小题是判断题,要求学生通过试题提供的素材,判断陈述的正确与否。考查学生对于试题提供信息的理解以及利用这些信息进行评判的能力。第二小题是选择题,要求学生理解并评估一个给定的方程,考查学生的运用能力。第三小题涉及对空间与形状领域,要求学生在真实情境中使用勾股定理。学生需要在理解试题任务的基础上,运用已知原理解决问题。由于这道题已经告诉了学生结论（镇长的方案不可行），所以试题难度相对于开放结论的试题有适当地降低。第四小题需要学生通过建模解决动力学背景下的实际问题。需要学生通过严谨、完整的计算过程进行推导。

（四）PISA数学素养测试的命题特征

纵观历年PISA数学素养测试的试题，总的来说，有如下命题特征：

1.选材真实丰富

PISA数学素养测试的对象是15岁的中学生，侧重考查这个年龄的学生是否具备在真实世界中识别、解决数学问题的能力。因此，PISA数学素养测试并不拘泥于教材内容或话题，而是聚焦与世界密切相关的问题，与公民生活密切相关的问题，全球变暖和温室效应、人口增长等。从历年的PISA数学素养测试试题看，试题具有丰富多彩的生活情境，文字描述符合数学学科特点，简洁严谨，逻辑清晰。从试题选择的话题看，包含了生产生活的方方面面，如日常生活中的超速罚款、租车、输液、彩票、药物剂量、电脑游戏、取款，又如世界气候变化、石油泄漏。这些话题要么是学生日常经历过的，要么是学生容易接触到、听说到的事件，容易引起学生情感上的共鸣，引发学生的阅读兴趣。

2.侧重数学推理

伴随着我们对数学学科本质认识的深入，简单的运算已经不再是学生数学学习的重点。利用数学知识，以数学建模、数理逻辑解构现实，以严密的数学推理提出足以令人信服的观点，变得越来越重要。通过推理，帮助学生评估他们获得的结论和观点，判别外部世界的逻辑和客观性，将有利于学生在未来世界中更好地生活。通过演绎和归纳，借助数学知识（数量、空间、关系、模型等），透过事物纷繁复杂的表象看到其本质，理解不同事物的差异与一致性，是合格的未来社会公民应该具备的重要素养。PISA 2022数学素养测试摆脱传统的数学技术复制的测试观念，将数学推理放在非常重要的位置上，用数学推理牵动数学表达、数学运用和数学解释。值得一提的是，计算机测试为数学推理的考查提供了很大的便利性，为学生进行数学推理、展示素养水平提升提供了空间。

3.任务有一定开放度

我们对于教育结果的认知发展至今，已经明确知识复制的意义远远不及问题解决来得重要，而要解决的问题——不仅仅是日常问题，而是需要一定程度的独立性、判断力、独创性和创造力的问题。纵观这些年的PISA数学素养测试，不难发现，测试试题不仅具有较强的时代性特征（如2012年的优盘存储问题），而且试题任务具有一定的开放度。数学试题不再局限在对于数学知识、原理的运算上，而是通过现实情境的嵌套，形成任务环境，让学生在特定的环境中运用数学、创造性地解决问题。数学不再被认为是简单的工具箱，不是让学生在练习中选择程序获得结果，而是通过严密的推理、评估，获得可信的结论。任务的开放度，使得学生不再依赖标准答案，也帮助他们认识到数学思维的重要性，帮助学生摆脱做题机器的定位，将目光转向现在和未来生活的思考、推理、问题解决和进步。

三、PISA科学素养测试

近些年，科学技术的进步成为民族进步的重要标志，科学技术成为国家或者地区竞争力的关键。21世纪的许多挑战都需要通过科学思维和科学发现来解决。毋庸置疑，科技改变了人类的生活。以人工智能为例，20年前，我们可能只在科幻大片中看到类似的技术，当时甚至还觉得不可思议，今天，我们就已经可以心安理得地享受人工智能技术所带来的便捷。我们在享受科技进步的成果的同时，也深刻意识到科学素养对人类发展的重要意义。新技术的发展也为人类带来了新知识，人类的需求变化也影响了技术的发展方向，在很多时刻，人类面临的选择都与科学技术有关。科学素养能够帮助人类权衡将科学知识应用于自身的潜在利益和风险，进而做出更明智的选择。为了更好应对世界面临的经济、社会和环境挑战，社会需要有科学素养的人们去研究、去创新。

PISA 2006和PISA 2015都以科学素养作为测评的主要领域，值得一提的是，2015年国际学生评估项目首次通过计算机对所有科目进行评估，包括科学、阅读、数学、金融知识以及合作解决问题的能力。

（一）PISA科学素养界定

PISA 2000和PISA 2003将科学素养界定为运用科学知识识别问题、基于证据得出结论并做出相关决策的能力。[1]PISA 2006提出科学素养是识别科学问题、科学地解释现象和应用科学证据三大能力。[2]PISA 2015将科学素养界定为个体参与与科学有关的问题和科学思想的能力。具有科学素养的人愿意参与有关科学和技术的理性论述。具有科学素养的人需要具备以下能力：科学解释现象（认识、提供和评估对一系列自然和技术现象的解释）、评估和设计科学探究（描述和评估科学调查，提出科学解决问题的方法）和科学地解释数据和证据（分析和评估各种形式的数据、主张和论点，得出适当的科学结论）。也就是说，想要具备上述素养，需要了解科学的基本思想以及哪些问题可以构成科学实践和科学目标，需要明确科学探究的研究范畴，了解科学的研究过程和方法以及能够评估结论的合理性等。科学知识是科学解释的基础，我们对于科学知识的个性化建构和我们拥有的科学知识的质量，会影响我们对自身科学素养的信心，进而影响我们的科学素养。

相较于PISA 2000、PISA 2003和PISA 2006的科学素养界定，PISA 2015明确将科学知识划分为内容知识、程序知识和认识知识三类，将"支持科学探究"调整为"重视科学探究的方法"，使得科学素养界定更为科学，也更符合当前国际环境对科技素养的追求。总的来看，PISA科学素养测试强调个体的科学观念和参与科学事务的能力，强调在真实情境中综合运用科学知识的能力。

（二）PISA科学素养测试的评估框架

评估框架是测试工具开发的重要基础。PISA 2015在PISA 2006、PISA 2009和PISA 2012的基础上，对科学素养测试的评估框架进行了全面修订，使评估框

① OECD.Measuring Student Knowledge and Skills:A New Framework of Assessment[R].Paris: OECD Publishing,1999:60.

② OECD.Assessing Scientific Reading and Mathematical Literacy:A Framework for PISA2006[R]. Paris:OECD Publishing,2006:23.

架更加具体明确。

1.试题背景

PISA 2015科学素养测试的评估框架规定，科学素养试题背景既可以是侧重于个人、家庭、群体、社会、世界的生活现实，也可以是历史背景。话题领域涉及健康与疾病（如维持健康、意外事故、营养控制疾病、社会传播、食物选择等）、自然资源（如生活质量、安全、粮食的生产和分配、人口增长、物种的可持续利用等）、环境质量（如环境友好行动、材料和设备的使用、废物处置、生态可持续性、污染控制、土壤／生物质的生产和损失等）、危害（如地震、恶劣天气、海岸侵蚀、气候变化、现代通信的影响等）、科技前沿（如爱好、个人技术、新材料、设备和工艺、基因改造、卫生技术、运输物种灭绝、空间探索等）。PISA科学素养测试需要在科学背景下对素养进行评估，同时，试题背景的选择需要依据测试对象（15岁学生）的知识背景和认知基础。此外，为确保测试的效度，还需要考虑并尊重来自不同国家、地域的测试对象在语言和文化上的差异。

2.科学能力

依据PISA 2015对科学素养的界定，科学能力包括科学地解释现象、评估和设计科学探究以及科学地解释数据和证据的能力。

科学解释现象，是指学生能够描述和评价科学调查并提出解决问题的方法、展示能力，具体来说，可以考查学生在给定的科学研究中识别问题、区分科学问题、提出科学探究方法、评估探究方法以及描述和评估数据的可靠性、客观性和普遍性。具备科学素养的人能够解释和理解科学数据和证据、获取科学信息、认识到证据与结论间的逻辑关系。科学素养离不开批判性思维，只有批判性地对科学发现和结论进行评估，才能不唯上不唯书，才能促进科学技术的不断进步。批判性思维能够帮助人类在既定的环境和结论中敏锐地识别科学问题，进而利用科学手段（测量、调查、实验等）收集数据、评估数据，得出结论。批判性思维并非意味着对于以往研究的全盘否定，而是在认识到以往研究重要性的基础上，认识到科学研究的结果受到众多因素的影响，任何已有结论都存在不确定因素。具有科学素养的人，用自己的话语体系或借助工具解释分析科学证据、解释科学结论，能够根据获取的科学信息，获得并评估结论。

3.科学知识

科学知识是科学中的事实、概念和理论，包括内容知识、程序知识和认知知识三类。

内容知识涉及物理知识（如物质的结构、物质的性质、物质的化学变化、运动和力、能量及其转化、能量和物质之间的相互作用）、化学知识（如化学反应、酸／碱）、生物知识（如结构和功能、DNA、植物和动物、健康、营养、消化、呼吸、循环、排泄、物种、进化、生物多样性）以及地球和空间科学等主要领域的知识（如岩石圈、大气、水圈、资源、全球气候、板块构造、地球化学循环、重力、太阳系、星系）。这些知识是理解科学世界的必要知识，是学生科学素养的重要来源。

科学研究通常是提出假设、进行验证、得出结论的过程，这个过程中涉及调查、观察、收集等一系列规定动作，成为科学探究需要掌握的程序知识。程序知识是关于用来获得可靠和有效数据的标准程序的知识。程序知识，包括变量（因变量、自变量和控制变量）、测量（如定量、定性、尺度的使用、分类变量和连续变量）、评估（如重复测量）、确保可复制性（重复测量间的一致性）和数据准确性（测量数量与真实数量的一致性）的机制、使用表格、图形和图表等的方法、变量控制策略及其在实验设计中的作用和针对给定科学问题的适当设计的性质（如实验性的、基于实地的）。

认知知识。认知知识是个体对科学知识和科学知识的获得所持有的信念，包括有关科学知识的结构、本质、来源的信念和这些信念带来的调节和影响作用。科学素养不仅包括理解科学的概念和理论，还包括了解科学探究的常见程序和实践，以及这些程序和实践如何推动了科技进步。因此，具有科学素养的个人了解构成科学技术思想基础的主要概念和思想；

这些知识是如何得来的；以及这些知识被证据或理论解释证明的程度。拥有认知知识的人，能够正确区分科学理论和假设或科学事实和观察，并用实例说明。简而言之，科学素养方面的认知知识是个体对科学本身的理解。一般来说，要求学生证明数据和结论的一致性或者要求学生选择证据支持假设并作出解释，都属于考查认知知识的范畴。

4.科学态度

态度决定效果。人们对科学的态度影响着他们对科学技术的兴趣、关注程度和反应。因此，培养学生参与科学问题的态度是科学教育的重要目标。科学态度表现在对科技的兴趣、重视科学探究方法等方面，是科学素养的重要组成部分。PISA 2015从对科学技术的兴趣、环境意识和对科学探究方法的重视三个方面对学生的科学态度进行评估。对科学的兴趣与人的科学成就、课程与职业选择以及终身学习密不可分。科学研究方法，是新的科学知识产生的重要途径，而认识科学探究方法的价值，是科学教育的重要目标。学生对于科学研究的兴趣和认知，帮助学生识别生活中的科学问题，有意识地收集证据、通过创造性、批判性思维和科学推理，获得科学认知的提升。此外，科学态度还包括学生的环境意识，要求学生了解生态学的基本原则，并据此安排生活。这意味着PISA开发者意识到环境问题的重要性，将生态和环境作为当代科学教育的重要议题。

5.认知要求

PISA 2015科学素养评估框架的一个重要的新特征是定义认知需求水平。它借助Webb的知识深度网格，构建PISA 2015科学素养评估框架的主要维度。具体见下图。

		能力			知识深度		
		科学地解释现象	评价和设计科学探究	科学地解释数据和证据	低	中	高
知识	内容知识						
	程序知识						
	认知知识						

PISA 2015认知要求框架[①]

借助以知识、能力和知识深度构成的框架，PISA 2015可以对测试的知识、能力和认知水平进行调控，把握项目难度和不同维度的比重。根据PISA 2015认知要求框架，每道试题都可以归类到知识深度上的一个维度。其中，"低"意味着执行单一步骤或程序，例如回忆一个事实、术语、原则或概念，或从图表或表格中定位单个信息；"中"意味着使用和应用概念性知识来描述或解释现象，选择涉及两个或多个步骤的适当程序，组织／显示数据，解释或使用简单的数据集或图表；"高"意味着分析复杂的信息或数据、综合或评价证据、证明、考虑原因的各种来源、制定一个计划或一系列步骤来解决问题。[②]

（三）PISA科学素养测试典型试题及分析

PISA科学素养测试以测试单元为试题单位，每个试题单元由多个独立评分的问题构成。测试单元以特定的刺激材料（如一篇简短的书面文章或附有表格、图表、图形或图表的文本）为素材，刺激材料可以是静态的，也可以是非静态的。一般来说，每个试题单元都能够测试多个能力水平。

PISA 2015科学素养测试有三种题型，分别是简单多项选择题（从四个

① 程超令. PISA、TIMSS、NAEP的科学评估内容和试题研究[D]. 重庆：西南大学，2020：45.
② OECD,PISA 2015 Technical Report [R]. Paris: OECD Publishing, 2017:43.

159

选项中选择一个单一的答案、按要求选择图形或文本中可选择的元素）、复杂多项选择题（"是／否"问题、选择多个回答、选择下拉选项来填写多个空格、匹配题、排序题、分类题）、建构题（书面作答题、绘制题）。

以下面的试题为例：

本单元提出了一个关于在天气条件有时炎热和／或潮湿的地方进行长跑运动员训练时的体温调节的科学研究。模拟允许学生操纵空气温度和空气湿度水平，以及模拟跑步者是否喝水。对于每个试验，显示与选定变量相关的数据，包括：空气温度、空气湿度、饮用水（是／否）、汗液量、失水和体温。跑步者的排汗量、失水量和体温也会显示在模拟面板的顶部。当这种情况引发脱水或中暑时，这些健康危险就会被突出显示出来。

在炎热的天气里跑步

在长跑过程中，体温升高并出汗。

如果跑步者没有喝足够的水来补充他们因出汗而流失的水分，他们可能会脱水。体重2%及以上的水分损失被认为是脱水状态。这个百分比在下面的水分损失表上标明。

如果体温上升到40℃及以上，跑步者可能会出现危及生命的中暑。这个温度在体温计上标明，如下所示。

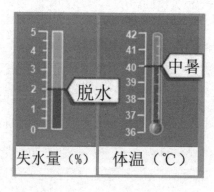

材料：

根据以下信息运行模拟程序来收集数据。从选项中选择答案填空。

跑步者在炎热干燥的日子里跑步一小时（气温40℃，空气湿度20%），跑步者不喝水。

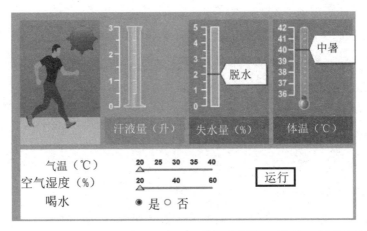

气温 (℃)	空气湿度 (%)	喝水	汗液量 (升)	失水量 (%)	体温 (℃)

问题1：在这种情况下跑步会对健康造成什么危害？

跑步者遇到的健康危险是_____（选填"脱水"或"中暑"），这可以通过跑步一小时后的_____（选填"出汗量""失水量"或"体温"）来显示。

问题2：跑步者在炎热潮湿的天气（气温35℃，空气湿度60%）跑步一个小时，不喝水。这个跑步者有脱水和中暑的风险。跑步时喝水对跑步者脱水和中暑的风险有什么影响？在下列选项中选择答案并在表中选择两行数据来支持你的答案。

A.喝水可以降低中暑的风险，但不能降低脱水的风险。

B.喝水可以降低脱水的风险，但不能降低中暑的风险。

C.喝水可以降低中暑和脱水的风险。

D.喝水并不能降低中暑或脱水的风险。

问题3（1）：当空气湿度为60%时，跑步一小时后，空气温度的升高对出汗量有什么影响？在下列选项中选择答案并在表中选择两行数据来支持你的答案。

A.汗液量增加　　　B.汗液量减少

问题3（2）：谈谈造成这种影响的生物学原因是什么？

造成这种影响的生物学原因是＿＿＿＿＿＿＿＿＿＿＿＿＿＿

问题4：根据模拟程序，当空气湿度为40%时，一个人能跑一个小时而不中暑的最高气温是多少？在表中选择两行数据来支持你的答案。解释这些数据如何支持你的答案。

A.20℃　　　B.25℃　　　C.30℃　　　D.35℃　　　E.40℃

这些数据如何支持你的答案：＿＿＿＿＿＿＿＿＿＿＿＿＿＿

问题5：模拟程序允许你选择20%、40%或60%的空气湿度。

你认为在空气湿度为50%、空气温度为40℃的情况下，边喝水边跑步是安全的还是不安全的？选择两行数据来支持你的答案并解释这些数据如何支持你的回答。

A.安全　　　　B.不安全

这些数据如何支持你的答案：＿＿＿＿＿＿＿＿＿＿＿＿＿＿

分析：这道试题单元以生活中常见的跑步活动为话题，与学生的真实生活情境相似，能够引发学生的阅读兴趣。第一小题是选择题，要求学生使用模拟程序生成的数据来识别在特定条件下跑步的人是否有脱水或中暑的危险，并说明这种危险是否体现在跑步者的汗液量、失水或体温上。考查学生理解科学问题，根据证据解释数据的能力。

第二小题需要学生通过运行程序解释数据，论证结论和数据的关系。学生需要有意识地选择数据保持空气温度和湿度恒定，操纵跑步者是否喝水。从程序的运行状况推导出结论，在这个过程中学生需要运行两次程序，以收集支持他们答案的数据。这要求学生操作变量，并比较两次实验的结果，比第一小题难度要大。

第三小题有两个子问题。问题3（1）是选择题，需要学生根据任务条件使用至少两种不同的温度来运行模拟程序，以显示温度升高对汗液量的影响。问题3（2）是开放建构题，要求学生解释在特定条件下出汗量增加的原因。这道试题的难度比较大，要求学生利用他们的生物学知识来解释出汗在较高的温度下使身体冷却的原理。

第四小题是开放建构题，考查学生评估和设计科学探究的能力。这道小题需要学生在设定空气湿度为40%的情况下，进行至少两次试验，以确定一个人可以在不中暑的情况下跑步的最高温度。学生需要用程序知识来解释收集的数据如何支持他们的答案，这些数据表明，在40%的湿度下，高于35℃的空气温度会导致中暑。

第五小题是开放建构题，考查学生评估和设计科学探究的能力。试题要求学生在无法通过模拟程序获得完整数据的情况下进行推断，他们必须对在40℃和50%空气湿度下运行的安全性进行假设，其中只有40%和60%的湿度水平在模拟程序中可以运行。

（四）PISA科学素养测试命题特征

PISA科学素养测试试题具有很强的现实性，素材取自学生熟悉的热点话题或日常生活情境，文本材料可读性强，能最大程度引发学生的作答兴趣。

1.每个试题单元涉及多种科学能力

在大多数情况下，PISA 2015科学素养测试的试题单元包含多个小题，这些小题所考查的学生科学素养涵盖了PISA 2015科学素养评估框架中要求利用的所有三种形式的科学知识（内容知识、程序知识、认知知识）并使用三种科学能力（表达、评估、解释）。

2.任务描述清晰、具体

PISA 2015科学素养测试的试题以背景材料作为逻辑线索，每个试题单元的任务难度呈现螺旋上升的态势，每道小题的任务描述都非常简洁，确保学生不会因为人为造成的阅读障碍而产生错误判断。试题任务说明非常具体，没有不必要的修饰词语，这符合科学试题任务的特性，也有助于确保试题的效度。

从近年PISA阅读素养、数学素养和科学素养的测试试题看，PISA测试秉承了一直以来的素材多样化、情境真实性、任务性强的特点。值得借鉴的是，PISA以单元结构作为试题的考查形式，用一个话题串联多个试题，提出多项不同难度、不同指向的任务。这种方式，有利于反映现实生活中一个事物的多个侧面，符合现实世界的复杂性特征。同时，以试题单元形式呈现的背景材料，可以做到多道小题共用一段背景，减少学生熟悉不同材料的时间消耗，有利于有效控制测试时间。

此外，不论测试何种学科，素材的公平性都得到了最大程度的考虑。PISA阅读素养、数学素养和科学素养的测试试题，在素材选择上不仅侧重时代性、多来源，而且非常重视素材的范围，尽可能减少由于素材背景而产生的测试误差。PISA测试情境的真实性，将学生放到问题解决者的角色上，希望他们能够用自己的知识和技能去解决现实情境中的不同问题，PISA测试的试题内容跳出了具体课程内容的限制，更强调知识之间的关联，也就是说，PISA测试更倾向于评估学生的综合能力。

四、PISA测试对素养导向命题工作的启示

（一）通过试题单元有效控制作答时间

试题单元是PISA测试的常见试题形式，一个试题单元一般由一个话题"开场"，这个话题是整个试题单元的主题。一个试题单元可以包含一个或者多个材料，不论材料数量如何，材料内容都指向同一个话题，也就是围绕试题的主题。试题任务是围绕材料设计的，难度呈阶梯上升的趋势。试题可以依据一个试题单元中的某个单独材料命制，也可以围绕多个或所有材料命制。

以单元形式呈现试题，一个很大的优势是可以有效控制学生的作答时间。试题单元的阅读材料可长可短，可多可少，一个试题单元可以包含多道小题，学生可以阅读一个试题单元的文字材料完成多道小题的作答，这

与阅读不同材料作答多道试题相比，更有利于让学生在同一个有效的话题情境中进行多种能力的考查，节省了因为话题情境不同重新阅读的时间，有效控制学生的阅读和作答时间。

素养导向的试题命制，可以借鉴PISA测试的单元试题形式，控制测试对象的阅读量和作答时间，提高试题效度。

（二）利用多来源素材拓宽学生认知

PISA测试的阅读材料具有生活化、任务性特点，也同时鲜明的时代性特征。随着数字化阅读时代的到来，PISA测试的阅读材料来源也变得越来越丰富。PISA试题中，博客文章、书评、招聘启事、宣传海报，各种各样的材料纷至沓来。这些材料，来源于博客、论坛、报纸、杂志、书籍以及日常生活中的各个角落，给学生营造出一个真实的生活环境。静态文本与动态文本的结合、连续文本与非连续文本的结合，为文字增添了灵活性和趣味性，增强了学生与阅读文本之间的互动性。从不同来源选取的材料按照试题任务的需要设置成不同的形式，有的连贯，有的跳跃，从疾病、健康到环境、科技，关注了学生自身的生活环境和个人问题，也关注了世界发展和公共问题，可以说，丰富的素材来源为试题的有效设置奠定了重要的基础，也帮助学生从试题材料的阅读中获得新的认知。

素养导向的试题命制工作中，命题者可以借助PISA测试的素材选取路径，选择多来源、非连续、多模态素材，为命题工作的顺利开展奠定基础。

（三）重视对学生逻辑推理和探究能力的考查

学生的逻辑推理能力，是素养的重要组成部分，是学生适应未来生活的重要品质。PISA测试中，不论是阅读素养测试、数学素养测试还是科学素养测试，都非常重视学生在问题解决过程中体现出来的逻辑推理和探究能力。阅读素养测试中让学生选择认同的观点并提供证据佐证、数学素养测试中让学生评估方案并用数学推理论证、科学素养测试中让学生评估行为可行性并用数据支撑结论，这些都是对学生逻辑推理和探究能力的考查。PISA力求在真实情境中考查学生的逻辑推理和探究能力，引导学生解决真问题。素养导向的试题命制，同样需要在真实的任务情境中考查学生的逻辑推理能力，PISA测试中的逻辑推理和探究能力类试题无疑是一个很好的可借鉴范例。

第二节　国际数学与科学成就趋势研究（TIMSS）

谈到国际测评项目，TIMSS无疑是非常具有代表性的。国际数学与科学成就趋势研究（Trends International Mathematics and Science Study，简称TIMSS）是国际教育成就评估协会（International Association for the Evaluation of Educational Achievement，简称IEA）旗下的一项研究，每四年对四年级和八年级的学生进行一次数学和科学测评，参与国和地区的课程也需要进行分析，同时，也利用问卷收集师生的相关信息以确定学生学业成就的影响因素。IEA是一个由国家研究机构、政府研究机构、学者和分析师组成的非营利性国际合作组织，致力于评估、理解和改善全球教育。

TIMSS的测评依据是国家课程，为评估四年级和八年级的学生应该掌握的知识和技能，TIMSS需要参与国和地区合作建立综合框架，并借助这些国家和地区的研究协调员制定评估问题和问卷、管理评估、报告结果以及在解释调查结果。TIMSS采用准纵向设计，即参与八年级测试的学生在其四年级时也参加了TIMSS测试，从而确保测试的样本纵向一致，这为比较四年级测试对象历经4年的发展状况提供了可能。

TIMSS 2019测试中，半数参与者进行的是计算机测试，而到了TIMSS 2023，全部参与者都实行了计算机测试。

2023是TIMSS二十八年历史上的分水岭。一半的TIMSS国家在2019年的TIMSS中率先向数字评估过渡，为TIMSS 2023年的"全数字化"转折点铺平了道路。

一、TIMSS数学测试

TIMSS认为数学是日常生活和工作中必不可少的，数学在工程、建筑、会计、银行、商业、医药、生态和航空航天等领域有重要价值，因此，培养孩子的数学理解和运用能力有利于他们更好地适应未来生活。

（一）TIMSS 2023数学评估框架①

TIMSS的评估框架都会在历年的框架基础上进行调整。TIMSS 2023数学评估框架以内容维度（主题领域）和认知维度（思维过程）作为主要维度。内容维度上，四年级学生的数学评估内容分布为：数字50%、测量和几何30%、数据20%；八年级学生的数学评估内容分布为：数字30%、代数30%、几何和测量20%、数据和概率20%。认知维度上，四年级学生的数学评估认知分布为：识记40%、应用40%、推理20%；八年级学生的数学评估认知分布为：识记35%、应用40%、推理25%。

四年级和八年级的评估内容领域差别主要是因为课程内容差异。四年级的入门代数包含在数字主题中进行测试，而到了八年级，代数成为一个独立的测试主题。四年级与八年级测试都包含几何与测量，但在TIMSS评估框架的表述中，二者的位置并不同。四年级是测量和几何而八年级是几何和测量，这是因为八年级的几何领域包括测量，但也包括更深层次的纯几何主题。四年级的数据领域侧重阅读、表示和解释数据，八年级的数据领域更侧重从数据、基本统计和概率基础中得出结论。TIMSS数学测试中有60%—65%的项目考查学生运用和推理能力，相对来说，八年级测试对知识领域的重视程度较低而对推理领域的重视程度较高。

除了内容维度，TIMSS数学评估框架还规定了认知维度，包括识记、应用和推理三个子维度。识记涵盖了学生需要知道的事实、概念和程序，应用则关注学生的知识运用和理解能力，而推理需要学生进行数学对象间的关系证明或论证问题解决方案，需要逻辑的、系统的思考。

---

① IEA.TIMSS 2023 Assessment Frameworks[EB/OL].https://timssandpirls.bc.edu/timss2023/frameworks/index.html.

1.内容领域

（1）四年级

四年级学生的数学评估内容分布为：数字50%、测量和几何30%、数据20%。

数字。数字是小学数学的基础，数字内容由整数、简单方程和关系、分数和小数三个部分组成，各部分占比分别为25%、15%和10%；入门代数的考查包括理解简单方程中变量（未知数）的使用以及对数量之间关系的初步理解；由于物体数量通常不是整数，所以四年级的学生也需要理解分数与小数，并能做简单的加减法。在整数考查方面，TIMSS数学测试要求四年级学生能够识别6位数，理解数字的不同形式（文字、符号和包括数轴在内的模型），并比较数字；能够做4位数的加减法，3位数的乘除法（最多3位数乘以1位数，2位数乘以2位数，除法最多3位数除以1位数）；能够解决涉及奇数和偶数、倍数和因数、四舍五入和估算的问题并结合数字或运算的两个或多个属性来解决问题。在简单方程和关系考查上，TIMSS数学测试要求四年级学生能够找出数字式子中缺失的数字或运算（如14+w=29，则w=? ）、匹配或写出数学表达式或句子以及用定义良好的模式匹配或描述或使用关系（如描述相邻项之间的关系，并根据规则生成整数对）。在分数和小数的考查上，TIMSS数学测试要求四年级学生理解分数的意义和不同表达形式（文字、数字、模型）、能够比较分数的大小，能进行简单的分数加减法，能够理解小数的不同表达形式（文字、数字、模型），能够比较小数并排序，理解小数与分数的联系，能够进行简单小数加减法（最多小数点后两位）。

测量和几何。在测量与几何考查方面，主要涉及测量和几何两个主题，分别占比15%。TIMSS数学测试要求四年级学生能够使用尺子测量长度、进行计算（长度、质量、体积和时间），能够识别线、角和各种二维和三维形状的性质和特征，能描述和绘制各种几何图形、分析几何关系并利用这些关系得出几何对象的结论。数据是现代社会的重要定量信息，TIMSS认为学生需要理解互联网、报纸、杂志、教科书、参考书和文章中用图表、表格和图形表示的数据，能够组织数据信息或分类、比较。

数据。数据内容领域包括阅读、显示数据和解释、组合、比较数据两个领域，两部分占比均为10%。TIMSS数学测试认为四年级学生应该能够从表格、象形文字、条形图、线形图和饼状图读取数据，创建或完成表格、文字、条形图、线形图和饼状图；能够解释数据并使用它来回答超出直接读取数据显示的问题，组合或比较来自两个或多个来源的数据，并根据两个或多个数据集得出结论。

（2）八年级测试内容

TIMSS八年级学生的数学评估内容分布为：数字30%、代数30%、几何和测量20%、数据和概率20%。

数字。八年级数字内容领域包含整数（10%）、分数与小数（10%）以及比例、比率与百分比（10%）三个主题。TIMSS八年级数学测试要求学生熟练掌握更高级的整数概念和过程（认识和使用数字和运算的性质、查找和使用倍数和因子、识别质数、计算数的正整数幂，以及整数的平方根；加减正负数字，包括通过在数轴上的移动和位置或使用各种模型）更深入理解有理数（整数、分数和小数）；能够计算整数、分数和小数（使用各种模型和表示、比较和排序分数和小数，用分数和小数加、减、乘，用分数和小数除以整数）；学生能用不同的文字符号表示单个有理数、识别各种有理数的区别，能进行有理数间的转换，并用它们进行推理。学生应该能够将比率、比例和百分比应用于整数金额（确定数量的比例和比率、应用或找到百分比；在百分比和分数或小数之间进行转换）。

代数。代数部分由两个主题构成，一是表达式、运算和方程，占比20%，一是关系和函数，占比10%。在表达式、运算和方程方面，TIMSS八年级数学测试要求学生能够利用提供的变量值计算表达式或公式的值，化简涉及和、积、差和正整数幂的代数表达式并比较他们是否相等，能利用表达式、方程式或不等式来表达问题，会求解两个变量的线性方程组、线性不等式和联立线性方程组。在关系与函数方面，TIMSS八年级数学测试要求学生能够在表格、图表或文字中解释线性函数和非线性函数（如二次函数），识别线性函数的性质，包括斜率和截距，使用文字或代数表达式概括线性和非线性模式关系或序列。

几何和测量。几何和测量方面，TIMSS八年级数学测试要求学生能够认识并画出各种类型的角和线，运用直线和几何图形上的角之间的关系，读取和绘制笛卡尔平面上的点；能认识二维图形（如圆、等边三角形、等腰三角形、直角三角形、梯形、平行四边形、矩形、菱形、五边形、六边形、八边形、十边形）并运用其几何性质（如三角形和四边形的内角和、等腰三角形的性质）计算长度和面积，会使用勾股定理；能确定平面内几何变换（平移、反射和旋转）的结果，认识和使用相等和相似三角形和矩形的性质，能识别三维形状（棱镜、金字塔、锥体、圆柱体和球体）并利用其属性计算表面积和体积；将三维形状与其二维表示联系起来。

数据和概率。数据和概率内容包含两个主题：数据（15%）和概率（5%）。数据方面，TIMSS八年级数学测试要求学生能够解释来自一个或多个来源的数据，利用图表（表格、条形图、线形图和饼状图、直方图、点图、散点图、聚类和堆叠条形图、信息图）表示数据，汇总数据分布，计算、使用或解释平均值和中位数，认识到扩散和异常值的影响。概率方面，TIMSS八年级数学测试要求学生能够根据条件计算事件的理论概率，根据实验估计经验概率。

2.TIMSS数学测试的认知水平维度

认知维度上，TIMSS数学测试的评估框架规定四年级学生的数学评估认知分布为：识记40%、应用40%、推理20%；八年级学生的数学评估认知分布为：识记35%、应用40%、推理25%。

识记。数学知识识记是学生数学思维形成的基础，对数字、符号、空间关系等基本知识的掌握，是学生熟练运用原理解决问题的必要条件。识记包含回忆（定义、术语、数字属性、度量单位、几何属性、符号等）、识别（数字、表达式、数量和形状，从图表、表格、文本或其他来源中读取信息）、组织（根据共同属性对数字、表达式、数量和形状进行排序和分类）和计算（使用算法程序计算整数、分数、小数和整数的算术运算以及简单的代数操作）。

应用。应用领域涉及数学在一系列情况下的应用，其核心是选择合适的操作、策略和工具来解决现实生活中的数学问题。应用领域包含规划（确定解决问题的有效／适当的操作、策略和工具）、执行（实施合适的策略和操作来解决问题）、描述（用表格或图表表示数据，创建方程、不等式、几何图形或图表来模拟问题情况，用关系式描述事物间的关系）。

推理。数学推理是使用基于信息和证据进行的推断，是用来解决问题的。推理包括观察和猜测的能力，包括根据特定的假设和规则进行逻辑推理并证明结果的合理性。考查学生的推理能力，需要学生能够对数字、表达式、数量和形状之间的关系进行分析、描述或使用，能够整合不同的知识要素、相关的描述和程序，能够准确概括事物之间的关系、能够使用数学论据来支持策略或解决方案。

（二）TIMSS数学测试典型试题与分析

TIMSS数学测试有选择和建构两种题型，试题在背景选择上贴近学生真实生活，任务清晰明确。以下面的试题为例：

汤姆和他的弟弟彼得收到了同样数额的钱。汤姆把他所得的1/3用来买书，他用剩下的钱的3/5买了一双新鞋。彼得用他所得的3/5也买了一双新鞋。你认为他们谁在鞋上花得更多？请选择答案并写出计算过程。

A. 汤姆在鞋子上花了更多的钱。

B. 彼得在鞋子上花了更多的钱。

C. 他们俩在鞋子上的花费是一样的。

计算过程：＿＿＿＿＿＿＿＿＿＿＿＿＿＿＿＿

分析：这道题是TIMSS八年级学生的一道数学测试题。试题以兄弟俩的金钱支出为话题，考查学生理解分数、比例和百分比问题并推导出结论的能力。这道题既需要学生做出选择，又需要学生解释选择，这种试题形式，可以避免学生因为猜测而作答正确的情况。

再以下面的试题为例：

在铁人三项比赛中，运动员先游泳，然后骑自行车，接下来跑步。下表显示了凯西、芭芭拉和苏的比赛成绩。

铁人三项成绩（分钟）

	凯西	芭芭拉	苏
游泳	35	25	50
自行车	80	90	85
跑步	135	130	120
总计	250		

问题1：以用时最少完成比赛的人获胜。谁赢得了铁人三项比赛？她花了多长时间？

问题2：苏希望自己明年能更快地完成铁人三项比赛。为了打败凯西和芭芭拉，她最需要改进的是什么？

A. 游泳　　　B. 自行车　　　C. 跑步

分析：这道题是TIMSS四年级学生的一道数学测试题。试题以学生熟知的铁人三项比赛作为话题，考查学生将他们的理解和知识应用于各种相对复杂的情况，并解释他们推理的能力。试题要求学生通过解释表格的数据来分析并解决问题。他们需要比较不同组别数据以便得出正确的结论。

二、TIMSS科学测试

我们生活在一个科技发达的世界，科学素养是人们区分真伪和理解社会、经济、环境问题的科学基础，是每个公民应具备的重要素养。TIMSS科学测试始于1995年，此后每四年一次。TIMSS科学测试对象与TIMSS数学测试对象一样，包含四年级学生和八年级学生两个群体。根据IEA发布的

TIMSS 2023科学测试相关文件，TIMSS 2023将整合各种技术（如模拟现实世界和实验室的情况、使用互动场景改善高阶认知过程的测量）改善的项目呈现方式、充分利用数字环境的优势（如收集关于学生如何与成就项目互动的信息），以提高学生的参与度。

（一）TIMSS科学评估框架 ①

TIMSS的科学评估框架跟数学评估框架一样，都是在历年的框架基础上调整的。TIMSS 2023科学评估框架以内容维度（主题领域）和认知维度（思维过程）作为主要维度。内容维度上，四年级学生的科学评估内容分布为：生命科学45%、物理科学35%、地球科学20%；八年级学生的科学评估内容分布为：生物学35%、化学20%、物理25%、地球科学20%。认知维度上，四年级学生的科学评估认知分布为：识记40%、应用40%、推理20%；八年级学生的科学评估认知分布为：识记35%、应用35%、推理30%。

从TIMSS 2023科学评估框架看，测试内容领域根据不同年级课程的性质和难度变化。四年级学生的课程更侧重生命科学教育，八年级的物理和化学则独立出来，作为单独的领域进行评估。此外，TIMSS 2023科学测试还将科学实践作为评估的重要部分，这与科学实践和科学探究在目前的科学课程中越来越受到重视有关。TIMSS 2023科学测试中，并非单独进行科学实践评估，而是将其融入科学测试项目中进行。

1.内容领域

（1）四年级

TIMSS科学四年级评估的科学内容包含三个主要内容领域，即生命科学、物理科学和地球科学，占比分别为45%、35%和20%。

生命科学。TIMSS 2023科学评估框架中，生命科学包含5个主题：第一，生物体的特征和生命过程；第二，生命周期、繁殖和遗传；第三，生物体、环境及其相互作用；第四，生态系统；第五，人类健

① IEA.TIMSS 2023 Assessment Frameworks[EB/OL].https://timssandpirls.bc.edu/timss2023/frameworks/index.html.

康。TIMSS 2023认为，四年级的学生应该掌握关于生物的一般特征，比如它们如何运作以及它们如何与其他生物和环境相互作用的基础知识，学生还应该熟悉与生命周期、遗传和人类健康相关的基础科学概念（这些概念会帮助学生在后续学习中对人体功能有更深入的了解）。生物体的特征和生命过程考查方面，四年级学生需要理解生物和非生物之间的区别以及生物生存所需要的条件（认识和描述生物和非生物之间的差异、确定生物生存条件）、主要生物群体的生理和行为特征（比较和对比区分主要生物群体、确定或举例说明主要生物群体成员）、生物主要结构的功能（将动物、植物的主要结构与其功能联系起来）。在生命周期、繁殖和遗传考查上，主要包括常见植物和动物生命周期的阶段和不同之处（确定开花植物生命周期的各个阶段，认识、比较和对比熟悉的动植物的生命周期）、遗传和繁殖策略（认识动植物的同类繁殖特征，能区分动植物的遗传特征和非遗传特征，确定并描述增加后代存活数量的不同策略）两个方面。对生物体、环境及其相互作用的考查，包括帮助生物在其环境中生存的物理特征或行为（把动植物的生理特征、行为和它们所处的环境联系起来，并描述这些特征是如何帮助它们生存下来的）、生物对环境条件的反应（认识并描述动物、植物对不同环境条件做出反应）、人类对环境的影响（描述并例举人类行为对环境有消极和积极的影响）三个方面。生态系统的考查包括共同的生态系统（将常见的动植物与生态系统联系起来）、简单食物链中的关系（认识到植物生存需要光、空气和水，动物生存需要以植物或其他动物为食物；利用常见植物和动物，完成一个简单食物链的模型；描述生物在简单食物链中每个环节的作用；识别常见的捕食者及其猎物，并描述它们之间的关系）、生态系统的竞争（认识并解释生态系统中的一些生物与其他生物争夺资源）三个方面。人类健康方面，主要考查保持健康的方法（描述促进身体健康的日常行为并确定均衡饮食中常见的食物来源；了解常见传染病的传播与人类接触的关系；掌握一些预防疾病传播的方法）。

物理科学。TIMSS 2023科学评估框架中，四年级的物理科学包括三个方面内容：一是物质的分类、性质以及物质的变化；二是能量和能量传递的形式；三是力和运动。对物质的分类、性质以及物质的变化的考查，包括五个方面：第一，物质的状态和每种状态的特征差异（确定并描述物质的三种状态）；第二，作为物质分类基础的物理性质（根据物理性质对物体和材料进行比较和分类；识别金属的特性并将之与金属的用途联系起来；描述混合物的例子以及如何将其物理分离）；第三，磁的吸引和排斥（磁铁有两极，同极相斥，异极相吸；磁铁可以用来吸引一些金属物体）；第四，日常生活中观察到的物理变化（识别材料发生的如溶解、压碎等不会产生具有不同性能的新材料的变化；物质可以通过加热或冷却改变形态；提高固体材料在给定数量的水中溶解速度的方法；区分简单溶液的不同浓度）；第五，在日常生活中观察到的化学变化（识别材料发生的如腐烂、燃烧、生锈等使新材料产生不同特性的变化）。对能量和能量传递的形式的考查，包括四个方面：第一，能源的一般来源和用途（识别能源的不同来源，了解运动和运输、制造、加热、照明和为电子设备供电都需要能源）；第二，日常生活中的光与声（将阴影、反射和彩虹等物理现象与光联系起来，将振动物体和回声等物理现象与声音联系起来）；第三，热传递（描述冷热物体接触时会发生什么）；第四，电气和简单电气系统（电能可以转化为其他形式的能量；解释简单的电气系统）。对力和运动的考查，包括两个方面：第一，理解力和物体的运动关系（理解重力定义，力能改变物体运动，比较相同或相反方向上不同强度的力对物体的作用，摩擦力与运动方向相反）；第二，简单机械（简单的机械对物体运动的影响）。

　　地球科学。TIMSS 2023科学评估框架中，四年级的地球科学包括三个方面内容：第一，地球的物理特性、资源和历史；第二，地球的天气和气候；第三，太阳系中的地球。对地球的物理特性、资源和历史的考查，包括三个方面：第一，地球系统的物理特性（地球表面是由陆地和水组成，被空气包围，描述淡水和海水分布）；第二，地球的资源（识别日常生活中使用的一些地球资源，理解地球上可再生和不可再生资源的重要性）；第三，地球的历史（地球景观特征的演变，根据发现的地球古生物遗骸的位置对地球表面的变化做出简单的推断）。对地球的天气和气候的考查，包括将水的状态变化的知识应用于常见的天气事件，描述天气如何随地理位置而变化，描述平均气温和降水如何随季节和地点而变化，温室效应对地球的影响。对太阳系中的地球的考查，包括两个方面：第一，太阳系中的天体及其运动；第二，地球运动以及与其相关的现象。

（2）八年级

TIMSS科学八年级评估的科学内容包含四个主要内容领域：生物学35%、化学20%、物理学25%、地球科学20%。

生物学。TIMSS 2023科学评估框架中，八年级的生物学包括六方面内容：第一，生物的特性和生命过程（主要生物分类间的差异、主要器官系统的结构和功能、动物的生理过程）；第二，细胞及其功能（细胞的结构和功能、光合作用和细胞呼吸）；第三，生命周期、繁殖和遗传（生命周期和发展模式、植物和动物的有性繁殖和遗传）；第四，生物多样性、适应性和自然选择（作为自然选择基础的变异、地球生命随时间变化的证据）；第五，生态系统（生态系统中的能量流动，生态系统中水、氧和碳的循环，生态系统中生物种群之间的关系，影响生态系统中种群大小的因素，人类对环境的影响）；第六，人类健康（疾病的起因、传播、预防和抵抗，饮食、锻炼和其他生活方式选择的重要性）。

化学。八年级的学生对化学的学习已经超越了对日常现象的理解，他们已经学习了化学实际应用所需的核心概念和原理，并将在后续进行更为深入的学习。TIMSS 2023科学评估框架中，八年级的化学包括三方面内容：第一，物质组成（原子和分子的结构，元素、化合物和混合物，元素周期表）；第二，物质的性质（物质的物理和化学性质、混合物和溶液、酸和碱的性质）；第三，化学变化（化学变化特征、化学反应中的物质和能量、化学键）。

物理学。TIMSS 2023科学评估框架中，八年级的物理学包括五方面内容：第一，物质的物理状态和变化（颗粒在固体、液体和气体中的运动，物质状态的变化）；第二，能量转化与转移（能量形式与能量守恒、热能传递和导热性）；第三，光与声（光和声音的性质）；第四，电与磁（导体和电路中的电流、永磁体和电磁铁的特性和用途）；第五，运动与力（速度与加速度、力的作用与特征）。

地球科学。地球科学涉及地质学、天文学、气象学、水文学和海洋学等领域，并与生物学、化学和物理学相关。TIMSS 2023科学评估框架中，八年级的地球科学包括四方面内容：第一，地球的结构和物理特征（地球的结构以及不同部分的物理特征、地球大气的组成部分和大气条件）；第二，地球演变过程、周期和历史（地质过程、地球的水循环、天气和气候）；第三，地球资源及其利用和保护（可再生和不可再生资源的保护和利用、土地和水的利用）；第四，地球在太阳系和宇宙中的地位（地球和月球运动引发的现象，太阳、恒星、地球、月球和行星）。

2.认知维度

TIMSS 2023科学测试在认知维度上分为识记、应用和推理三个维度，这与TIMSS 2023数学测试相同。识记是培养学生回忆、识别、描述和提供事实、概念和程序的能力，这些都是夯实科学基础所必需的；应用，侧重于利用科学知识进行材料间的比较、对比和分类，将科学知识用于新的情境，解决实际问题；推理，是在新的情境下使用证据和科学知识进行分析、综合和概括的能力。在认知领域的维度上，四年级和八年级是相同的，不同之处在于不同年级在不同维度上的占比不同。TIMSS 2023科学测试中，四年级学生的科学评估认知分布为：识记40%、应用40%、推理20%；八年级学生的科学评估认知分布为：识记35%、应用35%、推理30%。

识记。识记领域的试题考查学生对事实、关系、过程、概念和设备的知识，包括识别（识别或陈述事实、关系和概念；识别特定生物、材料和工艺的特征或特性；确定科学设备和程序的适当用途；认识和使用科学词汇、符号、缩写、单位和尺度）、描述（描述或识别生物和材料的特性、结构和功能以及生物、材料、过程和现象之间的关系）和列举（举例说明具有某些特定特征的生物体、材料、过程、事实或概念）。

应用。应用考查学生应用科学事实、关系、过程、概念、设备和方法的知识的能力，包括比较与分类（比较生物群体、材料或过程之间的异同，区分特征和性质）；关联（将基本科学概念与观察到或推断出的物体、生物体或材料的性质、行为或使用联系起来）；解释模型（使用图表或其他模型来演示科学概念的知识，说明过程、循环、关系或系统，或找到科学问题的解决方案）；解释信息（运用科学知识来解释文本、表格、图片和图形信息）；解释（用科学概念或原理解释现象）。

推理。推理考查学生通过分析数据和信息得出结论并应用于新的情境的能力。科学推理也包括验证假设以及设计科学模型和调查。TIMSS 2023科学测试中，对学生推理能力的考查包括预测、设计、评估、得出结论、分析、整合、概括、论证等。

（二）TIMSS科学测试典型试题与分析

TIMSS的试题主要根据评估框架中内容维度和认知维度进行设计，主要题型是选择题和建构题。以下面的试题为例：

一块磁铁粘在一辆塑料玩具车的顶部。莎拉想用另一块磁铁使汽车向右移动。

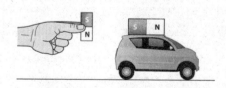

莎拉用哪种方式拿着磁铁能够使汽车向右移动？从所给选项中选择并解释原因。

A.　　　　　　　　　　　　B.

你的解释：_____

分析：这是一道物理学试题，考查学生应用的能力，学生需要掌握两个磁铁的磁极应该如何定向以引起排斥这个知识并将之应用于这道试题的情境中。

再以下面的试题为例：

红甘蓝汁是一种天然的pH值指示剂。果汁的颜色是紫色的。

当它加入酸中时，溶液变为红色。

当它加入碱中时，溶液变为蓝色。

当它加入中性溶液中时，溶液颜色保持紫色。

在将该指示剂加入以下每种溶液后，写出溶液的颜色。

溶液	颜色
蒸馏水	
柠檬汁	
醋	
小苏打溶液	

分析：这道题是化学试题，考查学生能否根据提供的有关pH指示剂的信息，确定将pH指示剂添加到四种溶液中后产生的颜色。这道题考查学生在新的情境中运用知识的能力。

再以下面的试题为例：

在食物链中，被吃掉的动物被称为猎物，捕食者是吃另一种动物的动物。下面关于捕食者或猎物的说法是正确的还是错误的？在相应的位置画"√"。

说法	真	假
牙齿锋利的动物很可能是捕食者		
捕食者总是比猎物大		
大型动物不可能是猎物		
有些动物既可以是捕食者，也可以是猎物		

分析：这是一道生命科学试题，学生需要分析陈述以确定捕食者和猎物的可能特征，进而对不同叙述进行正误判断，是一道考查学生科学推理能力的是试题。

三、TIMSS命题特点

（一）试题与课程内容联系紧密

TIMSS旨在评估学生对基础知识、概念和评估框架中特定学科思维技能的掌握程度，TIMSS的测试试题与学生所学课程内容联系紧密，分学科评估，大部分试题集中在单个可识别的知识、概念或技能的考查上。TIMSS的测试试题以学生平时在课程学习中学到基础知识为基础，涉及国家、学校课程中常见的知识和技能，考查学生如何使用这些知识和技能解决日常问题。

（二）试题命制依赖内容维度与认知水平的结合

不论数学还是科学，TIMSS的评估框架表现出跨领域的一致性。换句话说，TIMSS的试题都是按照评估框架中内容与认知两个维度要求命制的。TIMSS基于学科课程内容与认知水平的结合，加上一定的情境，完成对学生学科水平的考查。

（三）试题语言非常精练

TIMSS试题以单纯文字表述或者文字辅以配图构成，试题情境非常简练，没有过多描述类文字，题干和选择极致简洁，明确具体，对学生的阅读水平要求很低，不增加任何额外的阅读负担。

四、TIMSS试题对素养导向命题的启示

（一）重视课程的核心内容

TIMSS的评估始终围绕学科课程的核心知识和技能进行，将实践评估与内容评估结合，将观察到的现象与课程内容结合，评估学生能力。TIMSS试题考查的都是居于学科课程核心地位的知识、技能，是那些需要持久理解的、对学生未来生活具有重要价值的内容，这对素养导向的试题命制具有一定的启示作用。素养导向的命题，需要在纷繁复杂的知识中，选择课程的核心内容，需要学生持久理解和掌握的内容，对学生适应未来生活、解决生活问题有价值的内容。

（二）关注学生思维过程

关注学生的思维过程，是国际大型考试的重要特征。TIMSS试题既有选择题又有开放建构题，TIMSS非常重视学生结论推导的过程，建构题中，学生往往需要论证根据证据推导出结论的过程。

除了建构题外，TIMSS试题中不乏选择题，但又与常规选择题不同。常规选择题只需要学生在所提供备选项中选择一个或几个，而TIMSS的选择题不仅需要学生做出选择，而且需要学生对选择进行解释，也就是说，TIMSS需要同时考量学生的结论和他们的思考过程。这样的试题形式，比单纯的选择题更助于评估学生的真实水平，减少选择题题型本身不可避免的猜测度问题，提高试题效度。素养导向的命题，同样需要尽可能避免因为学生猜测导致的试题效度问题，从这个意义上说，TIMSS为提高选择题效度提供了一条可以借鉴的路径，为素养导向的命题工作提供了可操作策略。

第三节　国际阅读素养进展研究（PIRLS）

国际阅读素养进展研究（PIRLS）是国际教育成就评估协会（International Association for the Evaluation of Educational Achievement，简称

IEA）发起的针对9—10岁少年儿童（四年级学生）的一项国际性阅读素养测评项目，该项目的主要功能是预测学生阅读能力的未来发展。PIRLS启动于2001年，每五年一次，经过20多年的发展，PIRLS已成为在全球具有巨大影响力的阅读素养评价体系之一。

PIRLS 2001之后，随着测试技术和认知的深入，PIRLS 2011根据不同国家的实际情况，开发了评估理念和框架与PIRLS相一致但词汇和句法更加简单易懂的prePIRLS，用来评估儿童阅读理解基本能力，也就是说，prePIRLS的难度要低于PIRLS。IEA 允许参与国家和地区依据自身实际选择评估项目。随着信息化社会的发展和数字阅读的普及，考虑到人们的阅读行为已经拓展到书面印刷材料之外，PIRLS开发了基于在线信息阅读的创新评估项目e-PIRLS，并将于PIRLS 2026完成向全数字化评估的过渡。

一、PIRLS阅读素养界定

阅读素养评估是PIRLS的核心，对阅读素养的界定指导PIRLS的测评理念与内容，是PIRLS顺利实施的重要基础和逻辑起点。对阅读素养的界定反映了PIRLS的阅读观。

PIRLS 2021将阅读素养界定为理解和使用社会需要和／或个人重视的书面语言形式的能力。[1]PIRLS认为阅读是读者与文本间的意义建构过程，阅读的目的是学习，阅读可以帮助读者更好地理解生活、享受生活。

二、PIRLS阅读素养评估框架

PIRLS会在每个评估周期更新评估框架，每次更新框架既与之前的评估框架高度相关，又兼顾了新的周期需要的发展。PIRLS 2021评估框架是PIRLS第五次阅读评估框架，反映了IEA对阅读素养的认知发展。PIRLS 2021年的重点是数字化阅读，PIRLS提供数字阅读环境，通过电脑展示阅读项目。

① Mullis,I.V.S, Martin,M.O.PIRLS 2021 Assessment Frameworks[M].International Association for the Evaluation of Educational Achievement.2019.

（一）阅读目的

广义上看，阅读的原因包括兴趣与娱乐、学习、参与社会生活。PIRLS 2021评估框架重点论述的阅读目的有两个：一是文学体验，二是获取和使用信息。

PIRLS评估侧重于文学体验和获取、使用阅读信息。二者对于四年级学生来说都很重要，所以PIRLS将二者在测试中的比例规定为各占50%。e-PIRLS侧重数字化阅读，其任务情境模拟了互联网网站，使用链接和标签来浏览文本和图形，因此，e-PIRLS项目任务更侧重于获取和使用信息的阅读（100%）。

文学体验。文学体验是读者与文本互动所获得的感受。读者在阅读文本过程中，参与文本的事件、氛围、情感和思想，理解、欣赏文字，读者可以通过文字间接体验和反思文字中的事件、人物、行为和结果，并将之与自身的经历、感受碰撞。文字提供给读者感受未曾感受过的情况与感受，拓展他们的认知与感悟。

获取、使用信息。文本是获取信息的良好来源。文本信息的呈现方式很多，读者可以不同方式处理文本，获取并使用信息。由于文本信息因作者而不可避免地带有主观性色彩，因此，读者在处理文本信息时，需要批判性思考和衡量，以便更有效地使用文本信息。

信息的呈现方式多种多样，可以是表格或图片，也可以是文字。数字时代，网络大大拓宽了文本信息的展示路径，读者有机会阅读多模态文本，感受文本的动态性，体验与文本的互动。

（二）理解过程

理解过程，是读者利用自身已有的知识、经验、认知策略，对本文材料建构的过程。PIRLS评估框架包含了四年级学生的四个理解过程：提取明确陈述的信息；进行直接推断；解释和整合观点或信息；评价与反思文本。

提取明确陈述的信息。我们对文字的理解很大程度上要通过检索文本信息来实现，检索是形成理解的重要基础。由于个体差异，不同读者对相同文本的关注点并不相同。读者需要根据阅读任务有目的地阅读文本，在文字、短语和句子层面关注文本，建构意义。PIRLS测试中，关注和检索信息的过程通过以下任务进行评估：识别和检索与特定阅读目标相关的信息、寻找具体的想法、搜索单词或短语的定义、确定故事的背景、找到包含明确陈述的主题句或主旨、在图形中识别特定信息。

进行直接推断。文本阅读的过程中，读者对于文本中没有明确陈述的观点或信息需要进行推断，熟练的读者常常自动将文本中两个或更多信息联系起来，虽然文本中没有说明这些信息间的关系。这种推断是基于文本中的信息片段或者论述进行的判断，是读者根据文本中相对清晰的含义和线索进行的简单推理。推断需要读者不仅仅关注文字、短语和句子，还要关注文本的局部意义。PIRLS测试中，学生的推断过程通过以下任务进行评估：事件间的因果关系、角色行为归因、角色间关系、确定特定目的相关信息。

解释和整合观点或信息。解释和整合，要求读者将个人知识和经验与文本中的意义结合起来，构建对文本更具体或更完整的理解。整合，需要读者参与文本的意义建构，将细节与主题联系，需要读者理解作者的写作意图，对文本有更为全面的理解。读者对文本的理解，需要借助他们的原有知识和经验，并非直接推断，这种建构"因人而异"。数字化环境下，读者对文本信息的解释与整合，还需要面对跨来源、多模态文本的阅读差异。PIRLS测试中，解释和整合观点或信息的任务包括：辨别文本的整体信息或主题、考虑角色行动的替代方案、比较文本信息、推断故事情节、解读文本信息在现实世界中的应用、比较文本或网站中呈现的信息。

评价与反思文本。读者对文本进行评估，需要在文本构建意义的基础上，批判性地思考文本内容，对文本进行评价。根据文本内容，读者可以做出合理的判断，权衡文本的阐释并做出反应（拒绝、接受或保持中立）。PIRLS测试中，评估文本内容的任务包括：判断文本中信息的完整性或清晰度、评估所描述的事件真实发生的可能性、评估作者的论点有多大可能改变人们的想法和行为、判断文章标题反映主题的程度、评估语言特征的效果、评估文字或网站中图形元素的效果、确定文本或网站的观点或偏见、确定作者对中心主题的观点。评估文本需要读者对文本信息来源的可信度做出判断，以确定观点。

三、PIRLS典型试题与分析

PIRLS中使用最多的两种题目形式是选择题和建构题。选择题允许在相对较短的测试时间内有效、可靠和经济地测量广泛的认知过程。建构题允许学生用证据支持答案，解释角色的行为，描述事件或过程，以及做出预测。

PIRLS 2021阅读测试设有高—中—低三个难度，采用自适应测试的形式，利用计算题算法为不同能力水平的学生提供差异化试题。e-PIRLS试题以多模态文本营造真实情境，以下面的试题为例（有修改）：

老师：在这个项目中，你将对特洛伊古城进行在线研究。

今天，我们将从阅读关于特洛伊城的故事开始，这个故事自古就流传下来。古代的故事有时被称为传说。首先，我们用Google搜索"特洛伊"，得到下图中关于特洛伊的网页信息。

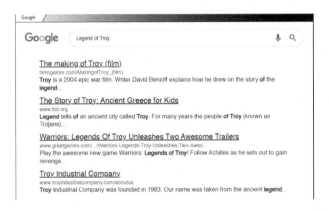

老师：查看搜索结果，点击最有可能帮助您了解特洛伊传说的链接。

（学生点击链接）

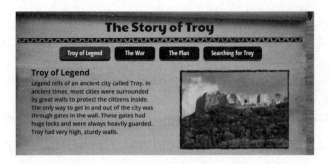

译文：

特洛伊的故事

传说中有一个叫特洛伊的古城。在古代，大多数城市都被长城包围，以保护里面的人。进出城市的唯一途径是通过城墙上的大门。这些大门有巨大的锁，总是有严密的守卫。特洛伊有很高很坚固的墙。

问题1：特洛伊城为什么有高墙？

_____

（学生继续点击链接）

战争

多年来，特洛伊人一直与希腊人交战。希腊人无法越过城墙，但特洛伊人也无法赶走他们。他们年复一年地战斗，年复一年，双方都没有获胜。

问题2："他们年复一年地战斗，年复一年，双方都没有获胜"，为什么"年复一年"重复？

A.为了表明战争发生在很久以前。

B.为了表明双方都不希望战争结束。

C.为了表明双方赢得战争有多难。

D.为了表明特洛伊人在那里生活了多久。

（学生继续点击链接）

计划

一天，希腊将军想到了一个计划。他宣布他将结束战争，他的军队将回国。作为和平的礼物，他送给特洛伊人一件礼物——一匹巨大的木马。

然后，希腊将军和他的士兵扬长而去。释然的特洛伊人拖着那匹巨大的木马进城庆祝。那天半夜，躲在木马里的三十名希腊士兵，打开了城门。城门外等待的是天黑后返回的希腊将军和他的士兵。沉睡的特洛伊市民没有任何机会反抗，城市被彻底摧毁。

问题3：根据传说，希腊人是如何打败特洛伊人的？

A.希腊人比特洛伊人有更好的武器。

B.特洛伊人经过多年的战斗已经累了。

C.特洛伊人打开了城门。

D.希腊人躲在木马里进城。

问题4：文中提到"希腊将军和他的士兵扬长而去"，特洛伊人以为希腊人要去哪里？＿＿＿＿＿＿＿希腊人到底做了什么？＿＿＿＿＿＿＿

（学生继续点击链接）

寻找特洛伊

特洛伊的传说是由一位名叫荷马的诗人在2800年前创造的。数千年来，人们一直在怀疑特洛伊的故事是否属实。如果特洛伊真的在历史上存在的话，也许可以找到这座城市存在过的一些迹象。今天，考古学家认为已经发现的古城有可能是特洛伊。考古学家通过寻找建筑和陶器的遗迹来研究过去人们是如何生活的。现在许多人相信特洛伊的传说可能是真的。

问题5：是什么发现让人们认为特洛伊的传说可能是真的？

_____

老师：接下来，我们将了解更多关于考古的信息。点击以下链接儿童网站：考古。（学生点击链接）

考古学家

什么是考古学家？考古学家就像寻宝者，但他们挖掘化石、文物和建筑遗迹，而不是寻找废弃的珠宝。考古学家必须像侦探一样小心和聪明。他们寻找很久以前人们生活的线索，并确保不会损坏证据。考古学家也是科学家，对岩石、种子和土壤的了解有助于他们了解一个地区的环境，判断其所属年代。

问题6：以下选项中哪一个是人工制品？

A.斧头　　 B.岩石　　 C.骨头　　 D.种子

问题7：考古学家如何表现得像侦探？根据文本写一种方式。

_____

（学生继续点击链接）

知道在哪里挖掘

旧书和地图可能有助于确定在哪里挖掘，但请注意，这些遗址是古老的。考古学家知道，在过去的一段时间里，人们需要靠近食物来源才能生存。靠近河流、土壤肥沃的地方是很好的研究起点。考古学家还研究景观中是否有看起来奇怪或不合适的凸起或小山。考古学家发现埋在地下的东西几千年来一直没有被沙子、泥土和树叶覆盖过。有时，新的城市是在古城的废墟上建造的。考古学家挖掘得越深，他们发现的东西就越古老。

问题8：为什么"挖掘得越深，他们发现的东西就越古老"？利用课文中的信息来解释你的答案。

_____

（学生继续点击链接）

网格

考古学家把遗址分成正方形的网格，然后挖正方形的洞。通过写下网格信息，考古学家能够知道他们找到的每样东西的确切位置。这种方式能够帮助他们记录每次发现的地点，也有助于他们把找出的碎片结合在一起。

问题9：为什么考古学家总是按照网格进行挖掘？

_____

（学生继续点击链接）

揭开特洛伊的面纱

希萨利克是爱琴海沿岸一座小山的名字。1822年，苏格兰记者和科学家查尔斯·麦克拉伦出版了一本书，书中说希萨利克可能是古代城市特洛伊的所在地。

问题10：希萨利克是什么？

A. 一个传说　　B. 一座城市　　C. 一份地图　　D. 一座小山

问题11：希萨利克在哪个国家？

A. 土耳其　　B. 保加利亚　　C. 阿尔巴尼亚　　D. 希腊

（学生继续点击链接）

在希萨利克挖掘

施利曼是一位德国商人，他读了查尔斯·麦克拉伦的书并支付了在希萨利克进行大规模考古挖掘的费用。挖掘的工人们在地表下发现了建筑物的残骸。但施利曼认为这些遗骸的年代还不足以成为希萨利克是特洛伊的证据。因此，施利曼命令他的工人们继续大胆地挖掘，穿过建筑物的许多层面，直到达到最底层。在这里，工人们揭开了一座古城的遗迹，发现了一座满是黄金和珠宝的宝库。

问题12：施利曼正确地理解了什么样的考古学事实？

A.仔细挖掘以保护发现的东西

B.挖掘得越深，文物就越古老

C.记录你发现的文物的确切位置

D.岩石和土壤显示了这个地区的状况

（学生继续点击链接）

损坏的残留物

许多考古学家对施利曼使用的方法感到不满。他们认为建筑的上层也很重要，施利曼的工人严重损坏了它们。后来，施利曼的挖掘助手多尔普菲尔德回到了希萨利克遗址，仔细研究了所有层的剩余部分。他发现，在历史的不同时期，每一个层次都曾经是智慧。这个遗址不是一座城，而是九座城！

问题13：作者认为施利曼工作不认真，解释作者是如何表现出来的？

_____

问题14：多尔普菲尔德有什么发现？

A. 希萨利克进行了大规模的考古挖掘

B. 希萨利克遗址有一个宝库

C. 希萨利克遗址的上层遭到了严重破坏

D. 希萨利克遗址有九个不同的城市

（学生继续点击链接）

9个层级

多尔普菲尔德认为第六层的城市是传说中的特洛伊，因为它有高大坚固的城墙。施利曼发现宝藏的第一层城市比传说中的特洛伊城还要古老1000多年。点击任何层级了解更多信息。

9层
8层
7层
6层
5层
4层
3层
2层
1层

（注：原题每个层级都可以展开，1层大约在5000年前；2层大约在4500年前；3层大约在4200年前；4层大约在4000年前；5层大约在3800年

前；6层大约在3600年前，7层大约在3200年前；8层大约在1900年前；9层大约在1600年前）

问题15：第二层的城市是什么时候存在的？

_____

问题16：为什么第六层级要突出显示？

_____

问题17：请按照事件发生的顺序对事件1到4进行编号。第一个已经为你完成了。

_____ 多尔普菲尔德仔细研究了希萨利克的地层

_____ 查尔斯·麦克拉伦写了一本关于土耳其一座小山的书

__1__ 荷马写了一个关于特洛伊古城的故事

_____ 施利曼在希萨利克发现宝藏

分析：这道题是IEA网站上的一道e-PIRLS试题。试题以特洛伊古城的传说开头，包含多个短小的文本，话题从特洛伊的传说、战争到古遗址的挖掘，话题丰富、情境真实，能够引发学生极大的学习兴趣和强烈的探究欲望。整个试题以项目学习方式呈现，有电子卡通教师指导学生的操作。试题形式多样，在整个项目中，涉及选择、简答、排序等多种题型，对学生的认知考查涉及提取信息、推断、解释等多个理解过程。试题的排布从单一到综合，从涉及单一文本的试题到涉及多个文本理解的试题，难度逐步提高。

四、PIRLS命题特点

作为IEA旗下的测评项目，PIRLS的试题与TIMSS有很多相似之处，比如题干表述简洁、明确，不设置阅读障碍等。但PIRLS作为阅读测评项目，其试题也有一些独到之处：

（一）文本间逻辑关系紧密

PIRLS阅读文本以项目形式有机组合，文本间有着非常密切的逻辑关系，文本话题关联度高、趣味性强。同一个项目中的多个阅读文本过渡自然，虽然不同文本的主题并不一致，但PIRLS很好地处理了相关但不同主题文本间的过渡问题，文本转换自然流畅，毫无晦涩之感。这依赖于项目开发者对于项目主题的深刻认知和对于文本选择的精心安排。

（二）文本选择符合测试对象特征

PIRLS阅读文本话题轻松，阅读障碍小，适合四年级学生的阅读水平。文本结构明晰、表述清楚、逻辑清晰，阅读量适中。一个项目中的多个非连续文本有机组合，以动态的方式呈现，并配以恰当的插图，符合四年级学生从形象思维向抽象思维过渡的认知特点，帮助学生深入理解文本。

五、PIRLS对素养导向命题的启示

PIRLS虽然只是针对四年级学生的阅读素养评估，但对于素养导向的命题工作也有很大启发：

（一）素材选择注重内在逻辑性

素材是命题的重要基础，好的素材能帮助命题者顺利完成试题的命制。因此，素材的选择就显得非常重要。PIRLS的试题素材并不因为是阅读考查就选择长篇大论，而是巧妙地选择了多个相互关联的文本加以排布。丰富的素材形式和主题因为内在的逻辑关系有机组成了一个试题项目，呈现在学生面前。这种素材选择避免了长篇幅素材对四年级学生可能造成的阅读压力，素材间虽话题不同但内在联系紧密，短小精悍，给学生营造了一个轻松的试题氛围。素养导向的试题命制工作，在素材的选择上需要格外注意，素材需要符合测试对象的认知水平和特征，素材间需要有一定的内在逻辑关联，以确保试题的整体性。

（二）关注学生与文本的互动

数字环境下，文本脱离了传统印刷制品的限制，以动态、多来源为主要特征。PIRLS的试题充分考虑数字环境下学生与文本的互动关系，将计算机呈现的试题设计得巧妙而灵活。PIRLS测试中，学生可以根据阅读需

要和自身的阅读特点选择阅读顺序、回顾文本，灵活的设计使得学生能够根据实际情况作出最有利于作答的动作。学生与文本间的有效互动，不仅能够帮助学生尽快完成作答，而且有助于试题效度的提高。

第四节　国际测评项目对素养导向命题工作的启发

PISA、TIMSS和PIRLS，不针对某个国家和地区开发，目的指向目标人群的素养水平，其试题对于指向素养的命题工作具有很大的启发意义。

一、以科学的评估框架指导命题

以PISA、TIMSS和PIRLS为代表的国际评估项目，都以评估框架作为命题依据和重要的参照标准。

科学的评估框架以核心概念（素养）界定为起点。无论是PISA、TIMSS还是PIRLS，在评估框架中都首先对要评估素养（阅读素养、数学素养、科学素养）进行了界定。对核心概念的界定，有助于项目开发者在试题命制的过程中，始终思考试题对素养的评估如何更好实现，将素养的内涵体现在试题素材的选择、文字的组织、情境的设计和任务的描述上，确保试题符合素养评估的需要，体现素养评估的价值取向。

评估内容规定了评估项目的命题范围。无论是PISA、TIMSS还是PIRLS，在阐述评估内容时，都对内容所属的学科、具体包含的知识要点进行了详细的阐述。这种详细的、与测试对象所接受的教育内容相符合的评估内容描述，可以帮助命题者避免试题出现"超纲"内容，确保试题符合测试对象的知识背景。

评估框架以认知行为作为难度控制指标。无论是PISA阅读素养评估中的定位、理解、评估还是TIMSS数学评估中的表述、应用与解释，都是以学生的学科认知行为作为划分依据的，从PISA、TIMSS和PIRLS的评估框架看，不论何种素养测评，在其认知行为划分的种类上，都保持"少而精"的特点，既让读者一目了然，也有助于命题者把握。此外，评估框架的认知划分与试题的易—中—难的难度划分保持一致，便于命题者作为难度划分依据。

综上，PISA、TIMSS和PIRLS评估项目的评估框架基本都包含素养界定、评估内容和认知行为划分、试题样例、评分标准设置等内容，这与我们所说的命题蓝图和多维细目表的内容结构是基本一致的。可见，科学的评估框架是科学命题的重要基础，是后续命题工作顺利开展的重要依据。

二、以真实素养测评为命题旨归

PISA、TIMSS和PIRLS评估项目的试题，不论是针对哪个年龄的学生进行评估，评估的目的都指向学生的真实素养水平。这一点，从试题的选材到任务的设置都有非常明显的体现。

首先，利用多模态、多来源的素材为试题增效。素材选择是试题命制的基础工作，素材质量影响试题的呈现形式和效果。从PISA、TIMSS和PIRLS的试题素材选择看，有两个特点：第一，素材来源广泛。国际测评项目的素材来源比较广泛，书籍、互联网、影视作品、生活经历都可以成为试题的素材来源。多来源素材为试题的背景提供了支撑，为试题的公平性提供了保障；第二，多模态素材的使用。PISA、TIMSS和PIRLS的试题素材不仅包括文本，还有图像、音频、视频多种形式。多模态素材在现代智能技术的加持下，以动态、活泼的形式呈现在学生面前，有效调节学生的阅读状态，促进学生与文本间的互动，激发学生的作答兴趣。

其次，利用真实问题情境引导学生发挥。PISA、TIMSS和PIRLS的试题在情境设计上非常用心，试题情境给人很强的真实感。这样的试题可以帮助命题者考查学生真实环境中的问题解决能力。在试题情境的设计上，国际评估项目的情境设计非常逼真，加上智能技术的辅助，给人以很强的真实感，让人很容易融入试题情境。

第三，试题表述具体明确。PISA、TIMSS和PIRLS的试题虽然在设计上力求真实，在试题数字环境的搭建上追求细致自然，但在试题的文字表述上却追求简单明快。不论哪一学科，试题的设问都非常简洁，毫不晦涩。

不论试题任务的难易程度如何，试题任务的表达一律明确而具体，没有任何阅读障碍。这么做确保了试题指向的明确性，有利于提升试题效度。

三、用评价促进学习，将评价融于学习

PISA、TIMSS和PIRLS等国际测评项目，在评价工具的开发上非常精心。PISA、TIMSS和PIRLS的很多试题以单元的形式呈现，有效控制了学生的阅读量和作答时间。试题关注对学生探究、推理能力的考查，利用数字化阅读环境提升学生的作答体验，提高学生与试题文本的互动性，使评价脱离单纯的诊断功能限制，将以评促学、以评为学的理念切实贯彻在试题中。PISA、TIMSS和PIRLS的很多试题用学生日常非常常见的话题开头，却能够让学生在常见的事物中接触到新的知识，让学生有机会将学习过的知识运用到新的问题解决中，帮助学生在阅读试题的过程中学习新知，在解决问题的过程中获得新知，在反思的过程中验证新知，通过评价促进学生的学习，也让评价成为学生学习的一部分。PISA、TIMSS和PIRLS，这些经过多年发展的国际性大型评估项目经过历次实际测试的不断迭代优化，已经形成了"以测促评""以评促学""以评为学"的良性循环。指向素养的命题工作，命题者需要时刻牢记，试题不只是为了诊断学生已经获得的学业成就，而且是促进学生进一步学习的手段，是帮助学生从解题过程中获取新知识的重要途径。

PISA、TIMSS和PIRLS都建构了成熟的理论框架，从不同维度对不同年龄学生的素养进行划分并规划了详细的评估标准，开发了科学的测评工具，具备了良好的可操作性和科学性，这为我们的素养测评工作提供了很多可借鉴的经验。

本章小结

PISA（Programme for International Student Assessment），是经济合作与发展组织（简称OECD）举办的国际学生评价项目，包含阅读素养、数学

素养、科学素养等多个科目。

PISA阅读能力测试主要是通过故事、邮件、报道、图表等材料，考查测试对象根据对材料的理解，理顺逻辑线索、获取信息、整合信息、分析信息并运用自身原有的知识、经验等在综合判断后，重新表达的能力。PISA阅读素材从形式上可以分为单一文本素材和多个文本的组合素材；从素材的组织方式上，可以分为静态和动态两类；从素材呈现逻辑上，可以分为连续性文本和非连续性文本两类；从素材的叙述逻辑上，可以分为叙述、阐述、论证等类型。PISA阅读素养测试涉及定位信息、理解、评估和反思等认知行为，其试题场景多维、具有高思维含量、关注学生文本参与度的特点。

PISA数学素养测试考查15岁学生对于重要的数学概念、知识、理解和技能的运用能力。PISA 2022将数学素养界定为个体在真实世界背景下，进行数学推理，并表达、应用和阐释数学来解决问题的能力，它包括概念、程序、事实和工具描述、解释和预测现象，PISA将数学素养分为数学过程（数学推理与问题解决过程）、数学内容（变化与关系、空间与形状、数量、不确定性与数据）和数学情境（个人的、职业的、社会的和科学的）三个维度。此外，OECD确定了八项21世纪技能并纳入PISA 2022评估框架。它们是：批判性思维，创造力，研究和探究，自我引导、主动性和持久性，信息运用，系统思维，沟通，反思。PISA数学素养测试题具有选材真实丰富、侧重数学推理、任务有一定开放度的特点。

PISA 2015将科学素养界定为个体参与与科学有关的问题和科学思想的能力。PISA科学素养测试的评估框架包含试题背景、科学能力、科学知识、科学态度、认知能力等方面内容。PISA 2015将科学素养测试的每个试题单元涉及多种科学能力，试题任务描述清晰、具体，素材多源、情境真实，侧重考查学生的推理能力。

PISA测试对素养导向命题工作的启示：第一，通过试题单元有效控制作答时间；第二，利用多来源素材拓宽学生认知；第三，重视对学生逻辑推理和探究能力的考查。

国际数学与科学成就趋势研究（Trends International Mathematics and Science Study，简称TIMSS）是国际教育成就评估协会（International Association for the Evaluation of Educational Achievement，简称IEA）旗下的一项每四年针对四年级和八年级学生数学和科学素养的测评项目。

TIMSS 2023数学和科学评估框架以内容维度（主题领域）和认知维度（思维过程）作为主要维度。TIMSS试题与课程内容联系紧密，试题命制依赖内容维度与认知水平的结合，语言非常精练。对于素养导向命题工作，TIMSS的启发性意义在于：第一，重视课程的核心内容；第二，关注学生思维过程。

国际阅读素养进展研究（PIRLS）是IEA发起的针对9—10岁少年儿童（四年级学生）的一项国际性阅读素养测评项目，该项目的主要功能是预测学生阅读能力的未来发展。PIRLS 2021将阅读素养界定为理解和使用社会需要和／或个人重视的书面语言形式的能力。PIRLS认为阅读是读者与文本间的意义建构过程，阅读的目的是学习，阅读可以帮助读者更好地理解生活、享受生活。PIRLS评估侧重于学生的文学体验和对阅读信息的获取、使用。PIRLS评估框架包含了四年级学生的四个理解过程：关注和检索明确陈述的信息、做出直截了当的推论、解释和整合观点或信息、评估和批判文本内容。PIRLS试题在文本的选择和处理上关注文本间逻辑关系以及文本与测试对象的契合度，启发我们在命题中关注素材的内在逻辑性和学生与文本的互动。

以PISA、TIMSS和PIRLS为代表的国际评估项目，对素养导向的试题命制具有较大的启发意义：第一，以科学的评估框架指导命题；第二，以真实素养测评为命题旨归；第三，命题中落实以评促学、以评为学的理念。利用评价促进学生学习，将评价融于学生的学习。

第六章

素养导向的试题评价

  我们对于教育评价的认识发展到今天，已经跳出了执着于测量、诊断的价值取向的桎梏，迈向素养立意的终极目标。2020年，中共中央、国务院印发了《深化新时代教育评价改革总体方案》，明确提出改进结果评价，强化过程评价，探索增值评价，健全综合评价……提高教育评价的科学性、专业性、客观性。可以说，方案的发布，为素养导向的命题工作指明了方向。

  试题，到底在多大程度上能够获得衡量学生素养的关键证据，又是否能够同时具备促进学生学习的功能，是广大命题工作者一直以来不断思考的问题。衡量试题的价值、评价试题的科学性和导向性，成为命题结束后命题者的重要任务。

第一节　素养导向的试题质性评价

试题的质性评价是对试题的测试目的、素材选择、情境设计、任务设定等进行阐释性评价，这种评价是非量化的，依赖于评价者的知识和经验。

一、素养导向的试题质性评价依据

对试题进行质性评价，需要依据一定的指标，这些指标的来源是质性评价的依据。

（一）命题依据

命题蓝图和多维细目表是对试题命制的整体设计和施工方案，对试题命制工作具有极其重要的指导意义。不仅如此，命题蓝图和多维细目表也是试题评价的重要依据，试题能否实现命题蓝图和多维细目表的测评目标、是否符合命题蓝图和多维细目表的内容排布、是否契合命题蓝图和多维细目表的认知要求，都需要通过试题与命题蓝图和多维细目表的对照来确定。

（二）试题素材

试题素材的选择是试题命制的基础。良好的素材为试题的命制提供了话题和阅读材料。素养导向的试题素材，需要以测试对象生活的真实世界为蓝本，以引导测试对象正确的价值观为旨归，以拓展测试对象的认知为目标。

（三）试题情境

试题情境决定了试题的真实性、合理性和科学性。良好的试题情境能够改善试题的呈现方式、帮助测试对象理解试题的任务要求，有助于试题效度的提高。素养导向的试题情境，更关注情境的真实性、科学性、与测试对象的契合度和建构性。

（四）试题任务

试题任务是一道试题的落点，试题通过任务向测试对象传达测试的意图和需要获得的行为证据。试题的任务设计需要明确、清晰，具有公平性。为了评价学生的素养水平，试题任务还应该具备建构性（开放性）和导向性（价值性）。

二、素养导向的试题质性评价指标体系

素养导向的试题命制，需要命题者将对测试对象素养的测评嵌入试题命制的全过程，以试题作为引发测试对象素养表现的手段，用试题引导测试对象将新的知识纳入自身已有的知识结构，把试题打造成测试对象素养评价、素养引导、素养提升的重要媒介。因此，素养导向的试题的质性评价，需要评价者根据自身已有的命题知识和经验，建构科学、合理的指标体系，对试题进行评价。具体见下表。

素养导向的试题质性评价指标结构表

维度	标准	具体描述
命题蓝图和多维细目表	科学性	难度、测试目标、测试内容、认知维度的分布
试题素材	真实性	来源
	价值性	有利于情境的创设、测试对象素养水平发挥、测试对象正确价值观的引导
	拓展性	测试对象在解决问题的过程中的认知拓展
	融合性	学科知识、认知壁垒的打破
试题情境	真实性	真实或近乎真实
	新颖性	新颖、体现时代性特征
	适切性	测试对象的年龄特点和生活背景特征
	精准度	文字表述
	建构性	测试对象的个性化建构、高层级素养水平的展示
试题任务	清晰度	文字表述
	明确性	指向具体，可被明确获知
	建构性	包容度、开放度
	公平性	测试对象的年龄和认知特征
	导向性	测试对象自我认知、自我建构、自我提升和拓展，正确的价值观
试题参考答案与赋分标准	科学性	文字表述、逻辑关系
	开放度	包容性、建构性

以下面的试题为例：

你正在拜访你的亲戚，他们最近搬到农场养鸡。你问你阿姨："你是怎么学会养鸡的？"

她说："我们和很多养鸡的人交谈过。而且，互联网上有很多资源。例如，我喜欢访问一个鸡肉健康论坛。最近我的一只母鸡伤了腿，这个论坛的信息对我很有帮助。"

鸡肉健康论坛（您的健康鸡在线资源）

· 给鸡服用阿司匹林

| Ivana_88 | 楼主 | 发布于10月28日18:12 |

大家好！

给我的母鸡吃阿司匹林可以吗？它2岁了，我感觉它伤了腿。我要到星期一才能去看兽医，兽医也不接电话。我的母鸡好像很疼。在我去看兽医之前，我想给它一些东西让它感觉好些。谢谢你的帮助。

| NellieB79 | | 发布于10月28日18:36 |

我不知道阿司匹林对母鸡是否安全。在给鸟类吃药之前，我总是和兽医核实一下。我知道一些对人类安全的药物对鸟类来说可能非常危险。

| Monie | | 发布于10月28日18:52 |

当我的一只母鸡受伤时，我给它吃了一片阿司匹林。没有问题。第二天我去看兽医，但它已经好多了。我认为如果你给药太多可能会很危险，所以不要超过剂量限制！我希望它感觉好些！

| Avian_Deals | | 发布于10月28日19:07 |

你好！所有鸟类用品的超低价优惠，大减价！

| Bob | | 发布于10月28日19:15 |

有人能告诉我如何知道一只鸡是否生病了吗？谢谢。

| Frank | | 发布于10月28日19:21 |

伊万娜你好，

我是一名兽医，专门研究鸟类。如果受伤的鸡表现出疼痛的迹象，可以给它们服用阿司匹林。给鸟类开阿司匹林处方时，我遵循《临床鸟类医学》上发表的指南。鸡每公斤体重应服用5毫克阿司匹林。你可以在带它去看兽医之前每天给它服用3—4次。跟兽医联系是非常重要的。祝你好运！

问题1：Ivana_88想知道什么？请选择最佳选项。

A. 她是否能给受伤的母鸡服用阿司匹林。

B. 她多久给一只受伤的母鸡服用一次阿司匹林。

C. 如何联系兽医咨询母鸡受伤的事情。

D. 她如何能确定受伤母鸡的疼痛程度。

问题1答案：A

问题2：为什么Ivana_88决定在互联网论坛上发布她的问题？

A. 因为她不知道如何找到兽医。

B. 因为她认为母鸡的问题不严重。

C. 因为她想尽快帮助她的母鸡。

D. 因为她负担不起去看兽医的费用。

问题2答案：C

问题3：论坛上的一些帖子可能与主题相关，而有些帖子则与主题无关。选择"是"或"否"，指出下表中的帖子是否与Ivana_88的问题有关。

这篇帖子与Ivana_88的问题有关吗？	是	否
NellieB79的帖子		
Monie的帖子		
Avian_Deals的帖子		
Bob的帖子		
Frank的帖子		

问题3答案：是、是、否、否、是

问题4：谁有过给受伤的母鸡服用阿司匹林并获得良好效果的经历？

A. Ivana_88　　　B. NellieB79　　　C. Monie　　　D. Bob

问题4答案：C

问题5：Avian_Deals为什么回应Ivana_88的帖子？

A. 推销生意。　　　　　　B. 回答Ivana_88的问题。

C. 补充Monie的建议。　　　D. 展示他关于鸟类的专业知识。

问题5答案：A

问题6：谁发布了对于Ivana_88问题的最可靠答案？请选择选项并说明理由。

A. NellieB79　　　B. Monie　　　C. Avian_Deals　　　D. Frank

你的理由：_____

问题6答案：A或B或D

满分答案：

A. NellieB79的回答暗示Ivana_88在给母鸡服用任何药物之前应该咨询她的兽医。

示例1：NellieB79说她先问她的兽医。

示例2：NellieB79没有告诉Ivana_88该怎么做，但她说她在给鸟类服药前会咨询兽医。

B. Monie给自己的母鸡服用阿司匹林，母鸡康复了。

示例1：Monie给她的母鸡服用阿司匹林，母鸡好转了。

示例2：Monie有一只母鸡，当她给它服用阿司匹林时，它康复了。

C. Frank是兽医／鸟类专家或具有治疗鸟类的知识。

示例1：Frank是一名兽医。

示例2：Frank专门研究鸟类。

示例3：Frank谈到一本关于鸟类医学的书。

示例4：Frank知道鸡服用药物的剂量指南。

问题7：为什么Frank不能告诉Ivana_88给母鸡服用阿司匹林的确切量？

_____

问题7答案：当测试对象答案中包含"未提供／不知道鸡的重量或大小"时，将给予满分。

分析：这道题是一道PISA的阅读素养测试题，试题以养鸡为话题，以网络论坛为背景，设计了7道小题，涉及对测试对象信息匹配、判断、推断等能力的考查。测试对象不仅需要理解文本内容，而且需要透过文字对文本的隐含意义进行判断，比如第二小题，需要测试对象回答Ivana_88选择网络论坛发帖的原因，这在文本中并没有直接的表述，而是需要测试对象通过一系列事实推断出来。再如第五小题，测试对象需要根据文本内容推断Avian_Deals的发帖原因，测试对象需要理解Avian_Deals发布的帖子的内容，才能推断其发帖意图。第六小题是一道要求测试对象选择并说明理由的试题，试题提供的4个备选项中，有3个都是正确选项，选择的难度不大，重点是说明理由的部分，需要测试对象根据自己的选择进行理由说明且理由需要符合试题提供的信息内涵。第七小题是一道半开放试题，考查测试对象分析文本、进行推理的能力。

这道试题的测试目标比较明确，涉及对测试对象理解、推断等素养的考查。从试题的整体测试目标看，符合素养导向的试题要求。试题难度呈现螺旋上升的态势，试题话题取自日常生活，情境真实，选择了测试对象比较熟悉的数字阅读环境，以互联网论坛作为呈现形式，有利于测试对象与文本的互动。从论坛的帖子文字表达上看，符合生活环境中的论坛评论五花八门的典型特征，真实感强。试题的任务表述明确、具体，不存在人为阅读障碍，答案科学、赋分合理，尤其是第六小题，具有一定的开放度，其答案分类明晰，具有可操作性。养鸡的话题，对于测试对象来说并不算熟悉，但试题通过轻松的数字环境为测试对象提供了比较容易融入试题环境的情境，在试题作答的过程中，测试对象可以通过阅读获得关于鸟类饲养的知识，拓展其视野。

再以下面的试题为例：

奥运难民

在奥运会上，每个运动员都有幸代表自己的国家登上国际舞台。2016年，夏季奥运会首次由难民运动员组成。这些运动员没有代表他们的原籍国或他们重新定居的国家参赛。相反，他们参加了一个新的难民奥运代表队的比赛。（下面的故事是根据这个真实的难民奥运代表队改编的，故事包含虚构的运动员和国家）

Felix是一名田径运动员，他无法在家乡Gondaland参加比赛。在逃离Gondaland的战争和迫害后，他作为难民被重新安置在Latoona，过去三年他一直在那里生活和训练。作为难民奥林匹克代表队的一员，他参加了比赛并获得了一枚奖牌。

奥运会后回到Latoona，Felix出现在一个国家电视节目中，讨论他参加奥运会的经历。这是对他的采访摘录：

采访者："如果你可以选择代表Latoona或Gondaland，你会选择哪一个？"

Felix："我会为代表哪个国家而苦恼。小时候，我梦想代表Gondaland参加奥运会，但如果没有Latoona的支持，我可能活不到2016年奥运会，更不用说参加奥运会了。"

采访者："所以你不认为这枚奖牌应该颁发给你现在生活的国家，作为你对得到的一切表示感谢的一种方式？"

Felix："我选择作为难民奥运代表队的一员接受这枚奖牌。但我愿意与Latoona和Gondaland的每一个人分享这枚奖牌，以感谢我从两国得到的所有支持。"

Felix的采访在电视上播出后，社交媒体上出现了关于Felix决定的争论。一些人认为奖牌应该颁发给他的东道国Latoona，而另一些人则认为奖牌应该授予他的祖国Gondaland。

问题1：一名体育记者正在写一篇关于Felix的文章，包括他关于奖牌言论的争论。以下信息来源是否与文章相关？选择"是"或"否"。

这个信息来源与文章有关吗	是	否
参与辩论的不同人士在社交媒体上发表的评论		
其他奥运会运动员关于他们在奥运会上的个人经历的博客		
记者采访了Felix，讲述了他的奥运经历		

问题1答案：是、不是、是

问题2：Felix的东道国Latoona的一些人声称，奖牌应该授予他们的国家。以下哪项陈述最能支持他们的主张？

A.Latoona从未在田径比赛中获得过奖牌，所以即使Felix不是公民，奖牌也应该授予Latoona。

B.Latoona在Felix逃离Gondaland时给予他难民身份，从而使他有机会参加难民奥运代表队的比赛。

C.Latoona通过提供训练设施、资金和参加奥运会的机会来支持Felix。

D.Latoona的例子可以鼓励其他国家接纳难民，因为这样做会增加这些国家获得奖牌的机会。

问题2答案：C

问题3：Felix的祖国Gondaland的一些人声称，这枚奖牌本应该授予他们的国家。以下哪项陈述最能支持他们的主张？

A.Gondaland可以利用这枚奖牌来转移人们对其境内冲突的关注。

B.Gondaland是Felix的祖国，他仍然是这个国家的公民。

C.当Felix离开时，Gondaland失去了一名有价值的运动员，所以它应该得到奖牌作为补偿。

D.如果Gondaland获得Felix的奖牌，它可能会激励运动员参加今后的奥运会。

问题3答案：B

问题4：一名来自Latoona的公民在社交媒体上发布了以下声明：

"我认为Felix应该把奖牌送给Latoona。他是我们国家的难民。他逃跑时我们收留了他。如果他留在那里，他肯定会死在自己的国家。每个人都知道那些Gondaland士兵有多残忍。他所有的成功都归功于Latoona给他的东西：我们出色的教练和设施，更不用说他获得的资金支持了。"如果他留在Gondaland，他就不可能参加奥运会。他应该把奖牌授予Latoona。

以下哪项声明是观点而非事实？（可多选）

A. "他是我们国家的难民。"

B. "他逃跑时，我们收留了他。"

C. "如果他留在那里，他肯定会死在自己的国家。"

D. "每个人都知道那些Gondaland士兵有多残忍。"

问题4答案：C和D

问题5：为什么Felix认为他为难民奥运代表队而不是为Latoona或Gondaland接受奖牌是合适的？

_____

问题5答案：

满分参考答案：

A.这有助于解决他代表哪个国家的冲突（请注意，这个原因指的是Felix内部的冲突，而不是Latoona和Gondaland之间的冲突）。

示例1：他没有好办法在Latoona和Gondaland之间做出决定。

示例2：他不想得罪任何一个国家。

B.它反映了难民奥林匹克代表队的经济、情感和／或培训支持。（请注意，试题文字中未提供此信息。然而，难民奥林匹克代表队为其运动员提供支持实际上是正确的。学生可能对这一事实有外部知识，这类答案是可以接受的）

示例1：正是Felix在难民奥林匹克代表队的训练直接支持他赢得了奖牌。

示例2：他可能在难民奥林匹克代表队感受到其他有同样经历的人的支持。

C.他为其他难民提供了灵感。

示例：Felix这么做会鼓励其他难民。

部分得分参考答案：

指Felix的难民身份或他作为难民奥运代表队的成员参加比赛。

示例1：Felix是难民，因此难民奥林匹克代表队最能代表他的情况。

示例2：他正在参加难民奥林匹克代表队的比赛。

示例3：他是难民。

分析：这是PISA的一道测试题，试题以难民奥运代表队参赛获得奖牌后的一段采访为背景，呈现了一段没有结论的叙述。这道题包含5道小题，第一小题是选择题，测试对象需要评估不同来源的信息是否会为记者的文章提供信息。测试对象需要根据文本信息，判断不同来源信息的相关性。第二小题是选择题，需要测试对象考虑Latoona一些居民的观点，这需要测试对象排除掉无关信息的干扰，从文本中识别Latoona居民观点相关的信息并进行分析。第三小题是选择题，与第二小题类似，测试对象必须将Felix的祖国Gondaland的一些居民的观点从本文中分离出来单独思考。第四小题是多项选择题，考查测试对象评估信息、提出论点并解释问题／情况的能力，需要测试对象仔细评估信息，然后考虑该陈述是否真的是事实，或者它是否超越了事实并反映了作者的意见。第五小题是半开放建构题，答案并不固定，需要测试对象根据试题信息识别观点，提供支持观点的理由：单纯使用文本信息回答是不够完整的，测试对象需要从Felix的想法出发，建构一个反映他为什么认为自己的决定是最合适的答案。

这道题以奥运为背景，同时，试题的话题虽然与奥运相关，又另辟蹊径选择了一名以难民身份参加奥运会获得奖牌的运动员的采访事件，能够激发测试对象的阅读兴趣，有利于试题的展开。试题类型上，既有选择又有问答，对于测试对象的认知维度考查设计了理解、分析、推断和建构，试题难度分布科学，每个小题的测试目标明确，任务层层递进、指向清晰，试题的答案（尤其是第五小题）开放度较高，给测试对象留足了作答空间，让他们评估不同的观点并做出自己的判断。试题的素材对测试对象来说既熟悉又陌生，素材中呈现的事件，素材中人物面临的事件、做出的选择，让测试对象在作答的同时，接触不同的世界，体悟别人的生活和感受，增长自身认知。

试题的质性评价依赖于评价者，因此，不可避免带有主观性色彩。因此，对试题进行质性评价时，为尽可能避免主观性带来的试题评价公平性问题，宜采用多人背对背评价的方式，尽量做到公平公正。

素养导向的试题质性评价，需要评价者具备一定的命题经验，掌握评价的基本理论和技术，以便确保其评价过程的科学性。

第二节　素养导向的试题量化评价

由于量化评价需要数据指标作为参照，因此，对试题进行量化评价通常需要在试题实测完成后进行。试题的量化评价需要以测试对象作答数据为基础，对数据进行统计测量学分析，获得可靠的量化指标数据，利用数据对试题质量做出判断。

一、试题量化评价的理论基础

试题的量化评价应建立在严格的理论基础之上。量化评价的理论基础是心理测量学，从现有理论看，测量理论大致包含三个派系：经典测验理论（CTT）、概化理论（GT）和项目反应理论（IRT）。对于试题评价来说，使用率较高的是经典测验理论（CTT）和项目反应理论（IRT）。

（一）经典测验理论（CTT）

经典测验理论（Classical Test Theory，简称CTT），也称真分数理论，是以测试的实测数据为基础的分析理论。其理论依据是桑代克的"凡物之存在必有其数量"和麦柯尔的"凡有数量的东西都可以被测量"。经典测验理论兴起于19世纪末，此后逐步形成比较完整的成熟的体系。经典测验理论的核心假设是真分数理论，在试题评价上因其计算方法简单、便于理解和容易掌握而被我们所熟知，是目前广泛使用的测量理论。

所谓真分数，是指测试对象在测量上的真实值。需要注意到的是，由于测量存在误差，我们通过测评工具获得的数值是观察值而非真分数。也就是说，观察值是真分数与测量误差之和。而想要获得真实值，需要将测量误差从观察值中分离，这就涉及经典测验理论关于真分数的3个假设：

第一，真分数具有不变性。这一假设认为真分数代表测试对象的某种稳定的特质，这种特质在一定时间内不变，保持恒定；第二，测量误差是随机的。也就是说，测量误差与真分数完全无关且有高有低，只要重复测量次数足够多，高低误差就能相互抵消，也就是测量误差之和为零；第三，观察值是真分数与测量误差之和。综上，经典测验理论基于真分数理论假设，构建了包括信度、效度、项目分析、常模、标准化等基本概念的理论体系。对于素养导向的试题量化评价而言，具有统计意义的CTT指标是难度和区分度。

1.难度

难度是指试题的难易程度。对于一道试题来说，如果大部分测试对象都能正确作答，则这道试题的难度较小；反之，如果大部分测试对象都不能正确作答，则这道试题的难度较大。

一道试题的难度大小除了与所测的内容本身的难易程度有关以外，还与试题的命制质量、测试对象的知识经验等有关。举例来说，如果一道试题的文字表述不清楚或者有歧义，有可能导致原本很容易的试题变得很难。因此，试题难度是一个相对性指标。

试题难度的计算比较简单，一般分两种情况。第一种，0、1计分试题的难度计算。0、1计分试题是指试题答案固定，只有得满分和得零分两种情况的试题，这种情况多见于客观性试题。对于这类试题，试题难度系数是作答正确的人数与参与测试的总人数的比值；第二种，非0、1计分试题的难度计算。对于这类试题，试题难度是所有测试对象在该题得分的平均数与该题满分分数的比值。难度的取值范围是0.00—1.00，难度系数越靠近0.00，试题难度越大，难度值越靠近1.00，试题难度越小。举例来说，如果一道试题的难度为0.75，说明75%的测试对象在这道试题上能够正确作答。

难度是进行试题统计分析中非常常用的一个指标，通过对试题难度的分析，可以对试题进行较为准确的定位，为命题者把握试题提供数据依据。在评判试题的优劣上，难度指标需要与其他指标结合使用。

2.区分度

试题的区分度是指试题对于测试对象反应的区分程度和鉴别能力。换句话说，试题的区分度是对成绩好的学生和成绩差的学生的鉴别程度。在命题工作中，命题者都期望试题能够区分高素养水平和低素养水平的测试对象。区分度的取值范围在-1.00—+1.00之间，值越大，区分的效果越佳。常规测试中，区分度低于0.20的试题被认为区分度较差，这道试题需要调整或直接舍弃。

计算区分度的方法有两种，鉴别指数法和相关系数法。目前用得比较多的是利用鉴别指数计算试题的区分度。鉴别指数计算的是一组数据中高分组得分率（这组数据前27%的得分率）与低分组得分率（这组数据后27%的得分率）的差。在利用鉴别指数计算某小题的区分度时，需要注意必须先将测试数据排序后方可进行计算。排序时注意，数据既有各小题的分数，又有总分数，在计算试题区分度时，应先按照测试总分进行排序，然后再根据该小题数据计算高、低分组的得分率，最后算两者的差值。

区分度能够表明一道题能在多大程度上把不同水平的人区分开来，即试题的鉴别力。区分度越高，越能把不同水平的受测者区分开来。在测试中，命题者可以通过试题区分度判断试题的适宜程度。需要注意的是，在测试中，区分度并非越大越好。

经典测验理论建立在比较简单的数学模型之上，计算简单，容易被人理解、接受，对测试实施的条件要求不高，适用范围较广，使用上优势明显。但经典测验理论依然存在诸多不足：首先，经典测验理论的理论假设是建立在真分数假设基础上的，而真分数假设把观察值等同于真分数与测量误差之和，换句话说，是将观察值看作真分数与测量误差的线性组合，而实际上，二者并非简单的线性关系；其次，经典测验理论对样本（测试对象）依赖严重。难度也好，区分度也罢，试题的指标都是通过样本的实测数据得出的，换言之，如果样本发生变化，指标数据就会随之发生变化，对于不同的样本，试题的难度和区分度有可能差异较大。这使得我们通过经典测验理论获得的统计结果稳定性较差。

（二）项目反应理论（IRT）

项目反应理论也称潜在特质理论，简称IRT（Item Response Theory），它起源于20世纪三四十年代的心理测量研究，项目反应理论的出现，一定程度上是为了弥补经典测验理论的不足。项目反应理论是建立在潜在特质理论基础上的现代测量理论。潜在特质是指测试对象的某种稳定的如能力、成就等特质，这些特质决定了测试对象在测试中对测验项目做出何种反应，这些反应表现出一致性的内在特质被标记为"θ"。项目反应理论认为，测试对象的潜在特质与测试项目的反应之间存在着如下关系：随着潜在特质θ的提高，测试对象对测试项目做出正确反应的概率"P（θ）"也会提高。项目反应理论就是利用一定的模型来研究"θ"与"P（θ）"之间关系的一种测量理论。项目反应理论在建立模型（测试对象的潜在特质值和他们对于测试项目的反应之间的关系）的基础上，根据不同项目在临界分数附近的信息量，对不同项目作出选择，用最少的测试项目完成高精确度的测试。由于项目反应理论假设测试对象的特质具有稳定性，因此根据模型计算的各项数值具有可迁移特征，换句话说，根据模型在作答数据基础上获得的结果所建立的常模，即使测试对象发生变化，结果也具有稳定性，或者说，人的参数在项目之间是不变的，项目的参数在不同的人群中也是不变的。

项目反应理论通过分析测试对象在测试项目上的反应，建构概率模型（非线性模型），反映测试对象的正确反应概率"P（θ）"与其潜在特质"θ"的关系。这些模型提供了对测试项目被正确作答的概率的估计、项目特征的函数（例如：难度、辨别度）和考生对该特征的能力水平。

目前主要的项目反应理论模型有正态累计模型与逻辑斯蒂（Logistic）模型两类，由于使用复杂程度不同，大多数采用逻辑斯蒂（Logistic）模型。根据试题答案的数量，项目反应理论模型可以分为0、1评分模型和多级评分模型，0、1评分模型主要是单参数逻辑斯蒂模型（Rasch模型）、二参数逻辑斯蒂模型（2-PLM）和三参数逻辑斯蒂（Logistic）模型（3-PLM）；多级评分模型主要是等级反应模型（GRM）、分部评分模型（PCM）、广义分部模型（GPCM）等。在进行试题评价时，可以根据试题类型、得分点、评价目的的不同，选取适合的模型。

　　通过使用项目反应理论模型，可以获得试题的项目特征曲线和信息函数曲线。项目特征曲线是一条回归曲线，它将测试对象的能力水平作为自变量，将试题被正确作答的概率（或者得分在某个等级的概率）作为因变量，反映了测试对象对测试项目的正确反应概率与该测试项目所对应的内在能力水平之间的函数关系。项目特征曲线将测试项目的难度和区分度等信息可视化，项目区分度的高低主要在于曲线的倾斜度，曲线坡度越陡，鉴别能力就越好。项目反应理论中，项目难度是指正确作答该道题概率为50%所对应的被试的能力值。项目信息函数曲线可以反映试题在估计测试对象能力上的准确程度。同一试题为不同能力水平的测试对象提供的信息量不同，假设某道试题对于能力值为0.50的测试对象提供信息量最大，则说明高于或低于0.50的测试对象都无法获得最大信息量，能力高的测试对象不需要很大的信息量就能够正确作答，而能力低的测试对象对于试题信息量的获取受到自身水平的限制，也不能获得最大信息量。这就好比是一道数学试题，试题提供了5个已知条件，对于能力高的测试对象来说，只需要使用其中3个条件就能够解题，而对于能力低的测试对象来说，只能理解其中的2个条件，因此，这道试题最适合能够理解并充分运用5个条件完成作答的测试对象，即理解并充分运用5个条件的测试对象在这道试题上获得了最大信息量，或者说，这道试题最适合测试这类测试对象的能力水平。试题对某一能力水平的考生提供的信息量越多，测量误差就越小，反之测量误差就越大。

　　下图是据两参数模型得到的某0、1计分试题的项目特征曲线：

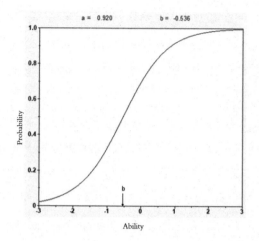

项目特征曲线中，a代表试题的区分度，b代表试题的难度。根据曲线图，能力为-0.536的被试在该项目上正确作答的概率为50%，高于该能力的被试正确作答的概率高于50%，能力在2.5左右（能力非常高）的被试，正确作答的概率接近100%。随着考生能力的增加，考生正确作答的概率也明显增加，试题在比较广泛的范围内对能力水平不同的学生具有区分度。

项目反应理论中，测试项目的信息函数的概念代替了信度概念，用试题对不同能力水平提供的信息量的多少来表示测量的精度。下图是某试题的信息函数曲线：

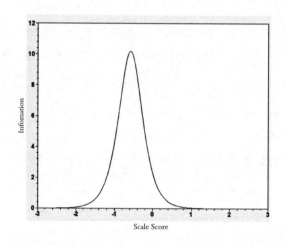

上图显示该试题对于能力水平在-0.6左右的考生，试题提供的信息量最大，测量误差最小，而对于能力非常高或低的考生测量误差较大。

IRT不仅能够用来衡量试题为不同能力测试对象提供的信息量和测试对象的能力值等信息，而且可以用来改进试题的参考答案设计。以下面的试题分析为例①：

下面是从网上搜索的关于宋词的资料，请分别提炼出主要信息。（不超出所给字格）（2分）

（1）在宋代的多种文学样式中，宋词代表着宋代文学的最高成就。两宋期间，大批词人不断开阔写作视野，创新写作技巧，词坛呈现出名家辈出、精品如林的鼎盛局面。

（2）从艺术风格上看，宋词有以苏轼、辛弃疾的作品为代表的豪放派，词风洒脱旷达、气象恢宏，还有以柳永、李清照的作品为代表的婉约派，词调蕴藉清雅、意境柔婉。

该试题的项目特征曲线如下：

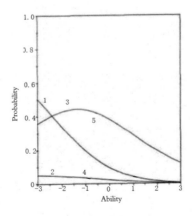

该题设置了5个评分等级，对应的分值分别为0、0.5、1、1.5、2分。特

① 赵娟，杨建芹. 项目反应理论在中考命题质量评价中的应用[J]. 大连教育学院学报, 2014, 30 (01)：17–19.

征曲线显示，被试获得2、4等级（0.5分、1.5分）的概率几乎不随被试能力的变化而变化。经测算，跨步难度从 1 等级跨到 2 等级（0分—0.5分）需要的能力水平为4.972，几乎不存在能达到此能力水平的被试。由 3 等级跨到 4 等级（1分—1.5分）也是同样的情况。因此，借助以上分析，可以看出在这一试题上，没有必要设 5 个等级，设 3 个等级（0、1、2分）即可。

项目反应理论克服了经典测验理论直接将真分数与测量误差归结于线性关系的问题，建立了测试对象反应与其潜在特质之间的非线性模型，更符合测试实际。项目反应理论将测试对象的能力与试题难度放在同一量尺上进行估计，无论测试项目难度如何，对于测试对象能力的估计值不变，从这个意义上说，不同的测验结果可直接比较，对测验等值、适应性测验、标准参照性测验的编制等问题给出了满意的解决办法。

然而，项目反应理论同经典测验理论一样，并非完美无缺，项目反应理论建立在局部独立性和潜在特质单维性假设的基础上，对测试对象的数量要求比较严格，且测试对象的能力分布范围要广，否则会影响其准确性。此外，项目反应理论建立在更复杂的数学模型之上，依赖更强的假设，计算复杂，不易被人掌握，也不易推广。

不论是经典测验理论还是项目反应理论，在试题评价上都各有利弊，我们在实际操作中，应根据需要选择适合的评价方式。

第三节　素养导向的试题评价要点

素养导向的试题评价，应尽可能发挥不同评价方式的优越性，以诊断试题的素养评估质量为重要价值取向，以改进试题的素养评估路径为抓手，以完善试题的素养评估能力为重点，利用评价评估试题，也利用评价改进试题。

一、试题与评价方式——发挥质性评价与量化评价的聚合效应

质性评价可以在试题实测前进行，也可在试题实测后进行，具有较高

的灵活度，但质性评价依赖于人的个体经验和判断，带有较浓的主观性色彩。量化评价在试题实测后进行，依赖于试题的实测数据的获得，其结果比较客观。但量化评价的理论，不论是经典测验理论还是项目反应理论，都建立在一定的理论假设基础上，而理论假设的成立是有条件的，从这个意义上说，量化评价虽然客观，却也有着自身理论固有的问题。因此，在试题评价上，评价者应该着意兼顾不同评价理念的差异，发挥其各自优势。

量化评价方面，CTT与IRT作为测量理论的两大阵营，各自拥有无数拥护者。CTT的易于理解、容易上手和IRT的科学合理、精准估计使得他们的追随者即使知道他们的不足也不愿轻易放弃。其实，无论是CTT还是IRT，都是试题评价的有效理论和工具，对于评价者来说合理、科学使用才是目标。

CTT的指标中，难度是指试卷题目的难易程度，通常以每一个题目的通过率或得分率作为难度指标；区分度表明试题对学生学业成绩的鉴别程度，用以刻画试题的区分能力。在使用CTT指标时，应尽可能地发挥试题与数据的协同机制，全方位多角度地思考利用数据。IRT使用上，评价者可以通过模型准确评估试题难度和区分度，通过项目特征曲线判断这道题在不同测试对象能力区间上的鉴别力，通过信息函数则可评估试题在评价不同特质水平对象时的测量精度。

在试题的评价工作中，我们应该持客观公正的态度，发挥质性评价和量化评价的各自优势，尽量弥补其不足，以确保试题评价的质量。素养导向的试题评价，需要评价者在使用不同方法进行试题评价的过程中，时刻将素养测评的实现作为试题的重要评价指标，以质性判断和量化分析论证试题的素养测评质量，为试题的有效改进提供方向。

二、试题与素养测评——评估试题与测试目标的一致性

试题本身可以看作是一种刺激，测试是命题者将测试目标以试题的形式呈现给测试对象并通过测试对象的反应获取证据的过程。素养导向的试

题，以获取测试对象素养水平证据为目标，要求测试对象通过试题作答，展示其素养水平。举例来说，英语书面表达试题的测试目标或者说命题意图是考查受试者根据文字等提示信息发表自己的意见、态度、观点的能力，属于考查测试对象运用、分析和创造能力的建构性试题。该题型涉及测试点比较多，词汇、语法、逻辑等，呈现形式多数以任务取向为主，要求测试对象就某一特定观点或问题进行阐述。测试对象根据得到的信息，结合自身的语言能力，对测试任务进行分析和判断，建构自己独有的体系和逻辑，输出自身的语言能力和思维品质等素养，期望达到命题者的测试要求。从试题的设计与命制目标不难看出，指向素养的试题需要与测试目标（测试对象的素养水平）保持高度一致性。这种一致性，体现在试题各要素与素养水平测评的吻合程度上。因此，我们在进行试题评价时，需要充分考虑这种一致性，应从试题的测试目标、情景设置、任务设计等方方面面论证这种一致性。

三、试题与素养发展——关注试题对测试对象的素养发展的促进作用

斯塔佛尔比姆说过，"评价最主要的目的不是为了证明，而是为了改进。"毫无疑问，作为评价方式的一种，测试的目的也不只是诊断和证明，而是为了改进。命题者通过试题，向测试对象传递测试意图，测试对象通过回应测试任务，展示自身的素养水平。从这个意义上说，试题需要具备衡量测试对象素养水平的能力。不仅如此，促进测试对象素养发展也应该是素养导向的试题的应有之义。换句话说，进行评价的根本目的是更好地促进测试对象素养的发展。从试题测试目标的设定、素材的选择、情境的呈现，到任务的设定，命题者除了要考虑试题能够达成评估测试对象的素养功能外，还需要着力构建能够促进测试对象素养发展的测试任务。素养导向的试题评价，评价者需要理解评价对于素养发展的意义和价值，从顶层设计上思考通过测试帮助测试对象获得素养的提升。因此，我们在对试题进行评价时，需要衡量试题对于测试对象素养发展的意义和作用，

将促进测试对象素养发展作为衡量素养导向试题质量的重要指标。

本章小结

　　试题，到底在多大程度上能够获得衡量学生素养的关键证据，又是否能够同时具备促进学生学习的功能，是广大命题工作者一直以来不断思考的问题。衡量试题的价值、评价试题的科学性和导向性，成为命题结束后命题者的重要任务。

　　素养导向的试题质性评价是对试题的测试目的、素材选择、情境设计、任务设定等进行效度评价，这种评价是非量化的，依赖于评价者的知识和经验。素养导向的试题质性评价，需要考量命题蓝图和多维细目表、试题素材、情境、任务等指标。试题的质性评价依赖于评价者，因此，不可避免带有主观性色彩。因此，对试题进行质性评价时，为尽可能避免主观性带来的试题评价公平性问题，宜采用多人背对背评价的方式，尽量做到公平公正。素养导向的试题质性评价，需要评价者具备一定的命题经验，掌握评价的基本理论和技术，以便确保其评价过程的科学性。

　　素养导向的试题量化评价需要以测试对象作答数据为基础，对数据进行统计测量学分析，获得可靠的量化指标数据，利用数据对试题做出判断。对于试题评价来说，使用率较高的测量理论是经典测验理论（CTT）和项目反应理论（IRT）。

　　经典测验理论（Classical Test Theory，简称CTT），也称真分数理论，是以测试的实测数据为基础的分析理论。经典测验理论的核心假设是真分数理论，在试题评价上因其计算方法简单、便于理解和容易掌握而被我们所熟知，是目前广泛使用的测量理论。

　　项目反应理论也称潜在特质理论，简称IRT（Item Response Theory），是在潜在特质理论基础上的现代测量理论。潜在特质是指测试对象的某种稳定的如能力、成就等特质，这些特质决定了测试对象在测试中对测验项目做出何种反应，这些反应表现出一致性的内在特质被标记为"θ"。项目反应理论认为，测试对象的潜在特质与测试项目的反应之间存在着如下关系：随着潜在特质"θ"的提高，对测试项目做出正确反应的概率"P（θ）"也会提高。项目反应理论就是利用一定的模型来研究"θ"与"P（θ）"之间关系的一种测量理论。项目反应理论在建立模型（测试对象的潜在特质值和他们对于测试项目的反应之间的关系）的基础上，根据不同项目在临界分数附近的信息量，对不同项目作出选择，用最少的测试项目完成高精确度的测试。通过使用项目反应理论模型，可以获得试题的项目特征曲线和信息函数曲线。

不论是经典测验理论还是项目反应理论，在试题评价上都各有利弊，我们在实际操作中，应根据需要选择适合的评价方式。

素养导向的试题评价，应尽可能发挥不同评价方式的优越性，以诊断试题的素养评估质量为重要价值取向，以改进试题的素养评估路径为抓手，以完善试题的素养评估能力为重点，利用评价评估试题，也利用评价改进试题。

在试题的评价工作中，我们应该持客观公正的态度，发挥质性评价和量化评价的各自优势，尽量弥补其不足，以确保试题评价的质量。素养导向的试题评价，需要评价者在使用不同方法进行试题评价的过程中，时刻将素养测评的实现作为试题的重要评价指标，以质性判断和量化分析论证试题的素养测评质量，为试题的有效改进提供方向。进行试题评价时，需要充分考虑试题的测试目标、情景设置、任务设计等方面与素养测评的一致性，评价者需要理解评价对于素养发展的意义和价值，从顶层设计上思考通过测试帮助测试对象获得素养的提升，要衡量试题对于测试对象素养发展的意义和作用，将促进测试对象素养发展作为衡量素养导向试题质量的重要指标。

结　语

　　教育评价改革一直是广大公众关注的话题，随着对教育评价认知的深入，人们普遍开始认可评价在教育中的重要地位和作用，也开始探索实现教育评价价值的路径。今天，测试仍然是验证学校课程价值、判断学生能否毕业或升学、评价学校和教师绩效的重要手段。然而，很多学者研究发现，尽管我们对测试的要求提高了，但大规模测试在过去的几十年间几乎没有改变。[①]

　　作为教育评价的主要方式，测试是教学的核心，不可避免地对学校教育产生影响，测试不仅是对教学质量的监督，更是教学的风向标。测试的本质是什么、测试是为谁服务的、测试如何有效、什么是真正的测试是我们需要思考的重要问题。作为众多评价方式中比较便捷且相对公平的方

---

① Bennett,R.E.On the meanings of constructed response[J].ETS Research Report Series,1991(2): i-46.

式，测试是各国教育评价专家的研究重点。试题是测试项目的主要内容，也是测试项目开发的重中之重。命题从目标确定、蓝图绘制到素材选择、情境设计、任务设定，都需要命题工作者深入思考。

教育评价理论发展到今天，评价不再是对测试对象知识复制能力的简单考查，而是对其综合解决问题能力的评估，因此，命题需要指向素养，需要以有效评估测试对象的素养水平为根本。从这个意义上说，素养导向的试题命制，应该是命题者有意识地考查测试对象在真实情境中理解、分析、解决问题的能力并将这种考查试题化的过程。评价是基于证据的推理。以素养测评为目的的试题，关注测试对象在真实问题解决过程中的表现，以评价测试对象的素养表现为旨归。那么，如何命制出能够激发学生素养表现的试题，在获得衡量学生素养水平的关键证据的同时，促进学生的学习，是需要广大命题工作者长久思考的问题。

我们希望设计一个以素养为导向的测试，我们希望试题能够为测试对象呈现真实的生活体验和任务，希望测试对象通过理解、整合、推理、论证、评估等行为完成试题任务，希望测试对象能通过问题的解决展现自身的认知、经验、态度和立场，更希望测试对象能够从试题中、从问题解决过程中获得新的认知。唯有如此，我们才不需要担心测试的公平性和科学性，才能确定我们的反馈是有价值的、有意义的。